KB058436

세상을 바꾸는
나비효과

아무것도 없는 체념의 땅에서
모든 것이 가능한 희망의 땅으로

세상을 바꾸는
나비효과

• 이석형 지음 •

21세기북스

아무것도 없는 체념의 땅에서
모든 것이 가능한 희망의 땅으로

지난 12월 17일에 함평 엑스포 공원에서 프로 골퍼 신지애 선수의 활약상을 기념하는 기념비 제막식이 있었다.

"늘 처음 시작하는 마음으로 최선을 다하겠습니다."

그때 신지애 선수가 한 말이다. 그녀는 2009년 LPGA 역사상 최연소로 신인왕, 상금왕, 다승왕의 3관왕을 확정 짓고 미국 골프기자협회로부터 최우수 선수로 선정되는 위업을 달성했다.

나는 신지애 선수가 함평골프고등학교에 막 입학했을 때가 떠올랐다. 골프를 '자신과의 싸움'이라고 정의 내리던 침착한 아이. 순수한 열정 하나로 기량을 닦던 아이. 그 아이가 어느새 청소년들의 꿈과 희망으로 성장한 것이다. 나는 신지애 선수가 너무 대견하고 자랑스러웠다.

그로부터 며칠 후 홍보과장이 만면에 미소를 머금고 나를 찾아왔다.

"군수님, 황금박쥐 조형물 전시회 일정이 확정됐습니다. 신세계백화점 센텀시티 지점에서 1월 2일부터 2월 21일까지 열립니다."

"잘됐군. 대여료는 얼마로 했나?"

"4천400만 원입니다. 이번 전시 기간에 황금박쥐 체험전과 함평나비 체험관도 함께 운영할 계획입니다."

"일본 관광객들의 눈이 휘둥그레지겠군."

1999년 함평에서 세계적인 멸종 위기 동물인 황금박쥐의 집단서식지가 발견됐다. 나는 예산 낭비라는 비판을 뚫고 황금으로 된 황금박쥐 조형물을 만들었다. 무려 10여 년에 걸친 노력과 설득의 결실이다. 이제부터 시작이다. 황금박쥐는 중국과 일본 그리고 전 세계로 출장다니며 함평을 알리고 외화를 벌어올 것이다.

요즘은 매일매일 유종의 미를 거둔다는 게 어떤 뜻인지 실감하며 살아간다. 2010년부터는 초등학교 4학년 국어교과서에 함평 나비 축제와 나비의 생태를 소개하는 내용이 7쪽에 걸쳐 실리게 된다. 우리나라의 모든 아이들이 나비 축제가 어디서 열리는지, 호랑나비가 어떻게 살아가는지 배우면서 푸른 꿈을 가꿔나갈 것이다.

지금 내 눈 앞에는 12년 전만 해도 상상도 할 수 없었던 일들이 펼쳐지고 있다. 나비로는 밥도 지을 수 없고 국도 끓일 수 없다고 했다. 근데 그 나비가 언젠가부터 함평인의 긍지와 자부심의 원천이 됐다. 더 나아가 세계 나비 곤충 엑스포, 황금박쥐, 국향대전, 골프여왕으로 발전해가며 세상에 희망을 건네고 있다.

함평은 한때 '아무것도 없는 곳'이라 불렸다. 그러나 지금은 '모든 것이 가능한 곳'으로 바뀌었다. 발상을 전환했고 특별한 것을 찾았다. 무에서 유를 창조했고 끊임없이 진화했다. 그리고 지금도 세계를 향해 뚜벅뚜벅 나아가고 있다. 2010년 현재 함평의 인구는 3만 7,000명이다. 그러나 목표는 세계 최고의 창조도시다. 세계 최고의 창조도시는 돈으로 살 수 있는 것도 아니고 양이나 규모로 밀어붙인다고 되는 것도 아니다.

고대 그리스의 과학자 아르키메데스가 목욕하다가 '유레카!'를 외쳤던 것처럼 일상의 평범함 속에서 '심봤다!'를 외칠 준비가 돼 있어야 한다. 아주 작은 생각의 씨앗이 위대함의 기적을 창조하는 밑거름이 된다. 그것이 바로 역발상이다.

우리가 사는 세상은 온통 힌트 투성이다. 쓸모 없어 보이는 것도 발상을 뒤집어 다른 각도에서 접근하면 블루오션이 된다. 큰 빌딩 짓고 큰 사업 유치하는 것만 능사가 아니다. 내 주위의 나무 한 그루 돌 한 덩이 그냥 지나치지 않는 것! 역발상으로 미래의 블루오션을 일깨우는 것! 이것이 바로 창조경영의 출발점이다.

그러나 창조경영을 혼자서 할 수는 없다. 함께하는 사람들 모두가 긍정적이고 적극적인 사고로 바뀌어야 한다. '어차피 안 된다'는 생각이 '오히려 할 수 있다'로 바뀌는 순간 불가능과 맞장을 떠버리는 괴력怪力이 발휘된다. 온갖 시련의 가시밭길을 건너며 치러낸 나비 축제는 함평이 용의 등에 올라타는 계기였다.

나비 축제는 1999년부터 2009년까지 11회를 치르며 관람객수 1천100만 명을 돌파했다. 함평에서 세상으로 날려보낸 나비만도 약 150만 마리나 된다. 군민 직접소득도 200억 원을 넘어서 개최비용 대비 4배가 넘는 수익성을 자랑했다. 2008년 문화체육관광부 지정 최우수축제는 물론 수상 내역은 헤아릴 수도 없고 각종 평가에서 받은 시상금과 공모사업비만 1,000억 원을 상회한다.
공무원과 주민들 한 사람 한 사람이 모두 다 제 운명의 주인이 돼 성취한 결과였다. 윗물부터 아랫물까지 너나 할 것 없이 미친 열정을 불태운 보답이었다. 한겨울 엄동설한에 잠자리채를 들고 나비를 잡으러 다니던 근성과 관세청에 밀수하다 적발된 뱀을 내놓으라고 요구하던 집념이 마침내 희망을 껴안은 것이다.

21세기는 지방자치의 시대다. 지방자치는 민주주의 학교다. 국민은 자신의 지역에서 스스로 할 일을 찾아나가면서 나라의 주인임을 자각할 수 있다. 지방자치는 또한 국가 경제의 성장 엔진이다. 세계 경제는 이미 국가와 국가 간의 교류가 아니라 도시와 도시 간의 교류로 재편되고 있다.

창조경영이 가장 필요한 분야 역시 지방자치다. 낡은 권위주의를 청산하고 내 부모 모시듯이 자치행정을 펼쳐나갈 때 주민들 역시 공동체의 미래를 위해 마음을 열고 힘을 모은다. 지방만의 특별한 것을 찾아 세계 최고로 만들 때 주민들의 삶이 풍족해지고 내일에 대한 희망을 가질 수 있다.

창조경영의 길은 결코 순탄하지 않을 것이다. 그러나 나는 알을 깨고 나오는 고통을 겪어야 비로소 날개를 펴고 비상할 수 있는 것이 세상의 이치라고 믿는다.

어려운 여건이나 거듭된 실패도 결국은 꿈을 이루기 위한 과정이다. 고난의 가시밭길을 걷더라도 꿈을 놓지 않는 자만이 무에서 유를 창조할 수 있다.

경인년 새해가 밝았다. 어느덧 내가 군수 직을 수행한 지도 12년이 흘렀다. 민선 4기 퇴임을 목전에 두고 보니 그동안 동고동락했던 공무원과 주민들의 얼굴이 더욱 정겹고 새록새록 하다. 내가 3선 군수 임기를 무난하게 수행할 수 있었던 것은 모두 다 이 분들의 헌신 덕분이다. 새삼 머리 숙여 감사드리고 싶은 마음이다.

내 가족 역시 눈물겹다. 혹시라도 자식에게 누가 될까 12년간 변함없이 소박한 삶을 지켜 오신 양가 부모님, 군정에 바쁜 남편을 내조하면서 어려운 이웃을 보살피고 집안 살림과 자녀 교육을 도맡아 온 아내, 군수 아버지를 둔 덕분에 하고 싶은 일도 못하고 하나부터 열까지 조심스러워 했던 딸과 아들. 모두들 고맙고 미안하고 사랑스럽다.

아무래도 이 마음의 빚을 한꺼번에 청산하기는 어려울 듯싶다. 앞으로 더 많이 고개 숙이고 더 열심히 일하며 조금씩 갚아나갈 생각이다.

나에게는 아직 남은 꿈이 있다. 현재 내가 태어나고 자란 전라남도가 너무 어렵다. 경제는 힘겹고 농촌의 미래는 불안하다. 그러나 나는 이 땅이 가진 천혜의 자연환경과 문화적 감각이 바로 블루오션이고 창조의 원천이라고 믿는다.

전라남도가 세계 속에 우뚝 서고 동서화합의 메카가 될 수 있도록, 절망의 대지가 문화로 채워지고 농어민이 풍족한 삶을 누릴 수 있도록, 이 땅에 창조적 열정과 상상력이 빛나는 짱돌 같은 인재들이 무럭무럭 자라날 수 있도록, 어디서든 밀알의 역할을 다하겠다.

2010년 1월
이석형

머리말 아무것도 없는 체념의 땅에서 모든 것이 가능한 희망의 땅으로 __4

1 깨워라!
내 안에 잠든 위대함의 씨앗을 깨워라

나비, 밥 짓고 국을 끓이다 __16

역발상! 겨자 씨 속에 수미산이 들어갈 수 있다 __21

아무도 생각하지 못한 것을 찾고 확신이 서면 저질러라 __26

나비는 함평 나비공장에서 태어난다 __33

불리한 여건을 탓하지 말고 내 편으로 만들어라 __39

생각대로 하지 않으면 사는 대로 생각하게 된다 __47

신지애, 함평을 딛고 세계로! __55

세계 최고의 나비곤충 창조도시 __63

2 미쳐라!
그러면 이룰 것이니

미친 열정에 가속페달을 밟아라 _72

'어차피' 안 된다고? '오히려' 할 수 있어! _77

최고의 놀이동산 에버랜드와 맞장을 떠버리자 _83

비바람을 겪어야 무지개를 볼 수 있다 _88

용의 등에 올라타다 _94

열 머슴이 주인 한 명 못 당한다 _102

윗물이 미치면 아랫물도 미친다 _108

창의적 열정과 상상력에 불을 지펴라 _114

3 열어라!
가슴을 열어젖히는 감동 행정

3선의 비결, 333의 법칙 __122

혁신을 부르는 작은 불씨 하나 __128

내 부모 모시듯이, 내 아이 키우듯이 __134

주민자치가 꽃피면 삶의 질이 올라간다 __141

하늘은 스스로 돕는 자를 돕는다 __146

두 분 대통령의 못 다 이룬 꿈 __152

100년대계냐 3년소계냐, 그것이 문제로다 __158

동서화합의 메카, 전라남도 __165

4 채워라!
절망의 대지에 문화를 채워라

농업의 근본은 '땅의 문화' __172

농민이여, 예술가가 돼라! __176

규모가 아닌 콘텐츠로 승부하라 __182

농민은 회장님, 작목은 계열사 __187

살아 있는 생태환경 백과사전 __192

세계로 뻗어가는 창조의 길 __199

깨워라!

내 안에 잠든 위대함의
씨앗을 깨워라

나비, 밥 짓고
국을 끓이다

반짝반짝 빛나는 건 별빛만은 아니다. 함평에선 산자락에 앉은 커다란 LED 나비도 반짝반짝 빛난다. 금방이라도 함평의 꿈과 희망을 싣고 밤하늘로 날아오를 것만 같다. 나는 오가는 길에 그 나비를 수천 번도 더 봤다. 하지만 매번 볼 때마다 심장이 쿵쾅거린다.

햇수로 13년. 1998년 39세의 나이로 함평군수가 된 게 엊그제 같은데 벌써 세 번째 임기까지 다 채웠다. 삼무三無의 땅……. 천연자원도, 산업자원도, 관광자원도 없던 한적한 농촌마을이 불과 10여 년 만에 세계가 주목하는 생태도시로 거듭났다. 그것은 '나비효과'였다.

그러나 세상에 공짜 성공은 없다. 지금이야 웃으며 이야기할 수 있지만 돌이켜 보면 지나온 시간은 눈물겨운 인내와 노력의 연속이었다. 처음 나비 축제를 하자고 했을 때 군민들의 반응은 싸늘하다 못해 잡아먹을 듯했다.

"나비가 밥을 지어준답니까? 국을 끓여 준답니까?"
"가뜩이나 어려운 군 살림을 어린놈이 다 말아먹겠네."

그랬다. 주민에겐 쌀과 소가 중요했고 당장에 쓸 돈이 시급했다. 함평은 그런 곳이었다. 가난했고 뭐 하나 내세울 게 없었다. 국보는 물론이고 심지어 그 옛날에 귀양 온 선비 한 명 없는 곳. 그것이 함평의 실상이었다. 주민들이 당장 돈 되는 것을 요구하는 건 그래서 너무나 당연한 일이었다.

초짜 군수로선 눈앞이 캄캄한 일이었다. 나는 고민하고 또 고민했다. 어찌 보면 남들 하는 것처럼 무난하게 처신하는 일은 쉽다. 그러나 함평군민이 경험이 풍부한 분들 대신 당시 막 40줄에 접어든 나를 선택한 것은 변화에 대한 열망 때문이 아니었을까? 가진 자원은 없지만 그렇기에 더더욱 함평 천지의 개벽을 바라지 않았을까?

마침내 결심이 섰다. 소신을 밀고 나가기로 했다. 함평에 필요한 것은 '랜드 마크'였다. "함평" 하면 떠오르는 것 말이다. 그 시절 함평 사람들은 외지인과 사돈이라도 맺으려고 하면 함평을 소개하는 데 애를 먹어야 했다. 기껏 해야 목포와 광주 중간이라고밖에 표현할 길이 없었다. 요즘 말로 '듣보잡'이었던 셈. 이것부터 바꿔야 했다.

대한민국에 함평을 널리 알리고 가치를 높일 수 있는 랜드 마크가 절실했다. 그런 의미에서 나비는 최고의 선택이었다. 나비는 아이들이 좋아하고 동화 속 세계도 떠오르게 한다. 동시에 청정한 땅에서만 서식하기에 친환경

농업을 홍보하는 데 안성맞춤이다. 나비 축제는 그렇게 출발선상에 섰다. 결과는 모두 인정하듯 대성공이었다.

지금도 생생하게 떠오른다. 1999년 봄 함평천에서 열린 제1회 나비 축제엔 관람객이 구름떼처럼 몰려들었다. 자그마치 60만 명. 그전 해인 1998년도 연간 관광객 수가 18만 명이었으니 놀라 까무러칠 성과가 아닌 가? 나비효과는 친환경농업으로, 나비브랜드 상품으로, 대한민국 국향대전 으로, 4계절 생태체험으로 눈덩이 굴러가듯 불어났다.

그렇게 10년이 흘러 강산이 한 번 변할 즈음인 2008년에 함평에서는 세계 나비 곤충 엑스포가 막을 올렸다. 45일간 유료 입장객수 126만 명! 5월 5일 어린이날에 기록한 6만 5,000명은 에버랜드를 뛰어넘었다. 입장수입 93억 원에 경제효과 2,800억 원! 1년 반치 군세를 단번에 벌어들였다. 인구 4만 명도 안 되는 작은 군이 이런 성공을 거둔 예는 전 세계 그 어디서도 찾아볼 수 없다.

눈에 보이는 성과만 있었던 게 아니다. 며칠 전 어느 마을회관 준공 식에서 있었던 일이다. 아버지뻘 되는 어르신 한 분이 식이 끝나자 내게 다 가왔다.
"제 아들놈이 군수님께 소주 한 잔 대접해도 되겠습니까?"
어르신은 따뜻한 눈빛으로 나를 보며 사연을 털어놨다. 얼마 전 아들이 ○

○그룹에 지원해 면접시험을 치렀다. 그런데 이상한 게 면접관들이 자신의 고향 함평에 대해서만 몇 마디 얘기를 건네고는 금방 내보내더란다.

"자네, 참 좋은 데서 왔군. 거기 나비 축제로 유명한 곳이지? 자네도 어릴 때부터 봤겠군."

이게 다였다. 결과는 합격. 요즘 들어 함평 출신 젊은이들은 입학이나 취업을 위해 면접장에 들어서면 어깨가 으쓱해진다고 한다. 면접관이 나비 축제를 화제에 올리며 덕담을 건네는 일이 많아졌기 때문이다. 나비가 함평의 가치를 끌어올렸다. 그리고 다시 함평사람들의 격을 높인 것이다.

2010년 현재 함평의 인구는 3만 7,000여 명에 불과하다. 그러나 나는 군민의 날 개회사를 할 때 '경향 각지의 30만 군민 여러분'이라고 인사를 한다. 외지에 나가 있는 함평 출신 2세, 3세들이 아버지와 할아버지의 고향에 긍지와 자부심을 느끼리라 확신하기 때문이다.

실제로 그분들 중 상당수가 고향 땅에 장학금을 내놓겠다느니 재산을 기증하겠다느니 갖가지 제안을 하고 있다. 고향을 등지고 떠났던 사람들이 다시 고향을 바라보고 할 일을 찾는 아름다운 모습들. 이것이 바로 진정한 나비 효과, 한 뼘 더 성숙한 지방자치가 아닐는지.

우리는 '밥도 지을 수 없고 국도 끓일 수 없다'던 나비로 유무형의 기적을 일궈나가고 있다. 과거 같으면 상상조차 못할 일들이 전라남도에서도 가장 못 살던 이곳 함평에서 벌어지고 있다. 나비가 만들어나가는 것은 블루오션이다. 나비의 날갯짓이 전인미답의 새로운 시장, 새로운 도시를 창조하고 있다.

'나비효과'의 의미도 바뀌어갈 것이다. '브라질에 있는 나비의 날갯짓이 미국 텍사스에 토네이도를 발생시킬 수도 있다'는 과학이론에서 '함평나비가 블루오션을 창조하고 세계로 뻗어나간다'는 혁신이론으로 말이다. 작은 변화가 결과적으로 엄청난 변화를 초래할 수 있다. 더 이상 닿을 수 없는 꿈이 아니다. 우리 모두가 지금 이 시간 생생하게 목격하는 가슴 벅찬 현실이 아닌가?

함평나비는 이제 블루오션의 대명사가 됐다. 그렇다면 함평은 도대체 어떻게 블루오션을 찾아내고 '함평답게' 발전시켰고 세계 최고로 만들었을까?

역발상!
겨자 씨 속에 수미산이
들어갈 수 있다

블루오션blue ocean은 거창한 게 아니다. 블루오션은 사방천지에 있다. 밥 먹을 때도, 출근길에도, 근무 중에도, 사람을 만날 때도, 잠자리에 들 때도 늘 있다. 단지 의식하지 못하고 있을 뿐이다.

당나라 때 이발李勃이라는 유명한 학자가 있었다. 이발은 책을 1만 권이나 읽은 것으로 유명하다. 그래서 사람들은 그를 일컬어 이만권李萬卷이라고 불렀다. 한 번은 이발이 책을 읽다가 궁금한 대목이 있어서 어느 절에 있는 고승을 찾아갔다. 깨달음을 구한 것.

"불경을 보니 겨자씨 속에 수미산이 들어갈 수 있다는 설법이 나오는데 그것이 무슨 뜻입니까?"

고승이 답했다.

"사람들이 그대더러 이만권이라고 부르지 않나? 그대는 어떻게 그 많은 책을 그 작은 머리에 넣었는가?"

순간 이발은 마음이 확 트이는 것을 느꼈다.

우리는 생활 속 사소한 경험들 속에서도 얼마든지 블루오션을 찾을 수 있다. 고개만 돌리면 블루오션이 지천에 널려 있다. 나비 역시 우리 곁에 머물던 블루오션이었다.

나는 태생이 '촌놈'이다. 시골에서 자연과 더불어 살다 보니 어릴 때부터 꽃과 나무 그리고 동물들을 가까이서 접할 기회가 많았다. 접하면 알게 되고 알게 되면 좋아진다. 언제부턴가 누가 시키지도 않았는데 마을 어귀에 꽃을 심기 시작했다. 선대 할아버지들의 묘를 찾아다니면서 나무를 가꿨다.

그런 나에게 산과 들판에서 나풀대던 나비는 생활의 일부였다. 내 어린 시절의 기억 속에 한 자리를 차지한 것이다. 그 기억이 씨앗이 돼 방송 PD 시절 다큐멘터리를 제작했고 군수로서 나비 축제를 기획했다. 유년 시절의 개인적인 관심사와 사소한 기억이 가장 보편적인 것, 가장 세계적인 것으로 거듭난 셈이다.

새로운 것은 저절로 창조되지 않는다. 구슬이 서 말이라도 꿰어야 보배다. 중요한 것은 생각이고 발상이다. 생각을 '조금' 바꾸고 발상을 '약간' 뒤집으면 블루오션을 찾을 수 있다.

하지만 이미 스테레오타입으로 굳어진 생각을 무슨 수로 바꾼단 말인가? 말처럼 쉬운 일이 아니다. 훈련이 필요하다. 우선 평소에 무심코 지나치던 것들을 주의 깊게 관찰하고 의미를 부여해줄 필요가 있다. 김춘수의 시 「꽃」을 생각해보면 된다.

내가 그의 이름을 불러 주기 전에는

그는 다만
하나의 몸짓에 지나지 않았다

내가 그의 이름을 불러 주었을 때
그는 나에게로 와서
꽃이 됐다

　　우리는 모두 누군가의 무엇이 되고 싶다. 블루오션도 크게 다르지
않다. 단지 꼼꼼히 관찰하고 의미를 부여하지 않기 때문에 가능성으로만 머
물러 있는 것이다. 내가 관내 출장을 오가는 승용차 안에서 잠을 청하지 않
는 이유도 여기에 있다. 내 지역을 조금이라도 더 꼼꼼히 살펴야 하니까.
지난 2004년 함평에서 시작해 전국으로 확산된 고철 모으기 운동도 도로변
에 굴러다니는 고철을 예사롭게 지나치지 않았기 때문에 시작할 수 있었다.
당시는 국제적인 철강파동으로 국내 철근 수급에 비상이 걸렸다. 그때 우리
는 3·1절을 맞아 행동을 개시했다.
3·1절을 기점으로 삼은 건 물산장려운동을 연상했기 때문이다. 일제의 경
제적 수탈에 항의해 민족의 자립을 추구했던 물산장려운동처럼 주민들의
작은 힘을 모아 경제위기를 극복해보자는 취지. 우리는 도로변, 농경지, 공
터, 공장 등지에 방치된 고철을 수거해 원자재 가격 상승으로 고통 받는 중
소기업에 팔았고 판매대금으로 불우이웃을 도왔다.

함평의 고철 모으기 운동이 주민들의 참여 속에 열기를 더하자 중앙정부, 다른 지자체, 민간단체들도 가세했다. 범국민운동으로 변한 것. 이 운동은 우리 주변에 버려져 있는 것들이 국가 경제에 얼마나 큰 도움이 되는지 깨닫는 계기가 됐다. 아무리 쓸모없는 것도 발상을 뒤집어 다른 각도에서 접근하면 블루오션이 된다.

요즘은 관내를 돌아다니다 보면 가장 눈에 밟히는 것이 나무다. 나는 우리나라에서 보호수 지정을 가장 많이 하는 자치단체장이다. 도로변의 소나무나 마을 어귀 정자나무는 가치가 있겠다 싶으면 보호수로 지정해버린다. 돈 몇 푼에 외지로 팔려가지 않도록 하기 위해서다.

보호수로 지정된 나무는 표지판을 붙이고 군에서 관리한다. 물론 재산권 침해라고 항의를 받는 일도 종종 있다. 그러나 나무는 공공재산으로 봐야 마땅하다. 독일에서는 나무를 심고 파낼 때 항상 지방자치단체의 허가를 받는다. 나무를 공개념으로 여기기 때문이다.

아름드리 나무는 지역과 함께하는 수호신이고 공동운명체다. 지금 당장은 볼품이 없을지 몰라도 잘 돌보고 가꾸면 천연기념물인 속리산 정2품송이나 안도리소나무 부럽지 않게 만들 수 있다. 나무에다 재미있는 이야기를 더해주면 훌륭한 문화상품이 된다.

이렇게 내일을 보는 눈으로 오늘을 보면 블루오션을 끄집어낼 수 있다. 저 나무가 1백 년 후에 어떤 모습일까? 마음속으로 그려보면 지금 할 일이 무엇인지 분명해진다. 세월이 지나면 그 나무를 지켰느냐 못 지켰느냐에 따라서 공동체의 운명이 달라질 수도 있다.

한 번은 이런 일도 있었다. 함평초등학교 올라가는 길에 도로를 내려고 하는데 길 한가운데 버티고 선 물버드나무가 말썽이었다. 나는 돈 1억 원을 더 들여 나무를 중심으로 상행선 하행선 두 갈래 길을 만들었다. 그리고 나무 주변에 아스콘 대신 작은 돌들을 박아 뿌리가 호흡하도록 해줬다.

초등학생들이 등하교 길에 그 나무를 보면서 무슨 생각을 할까? 지역공동체의 역사와 생명의 고귀함을 떠올릴 것이다. 나무 아래서 장난을 치며 푸른 꿈을 꿀 것이다. 그것이 함평의 미래가 아닐까? 지금 우리가 누리고 사는 자연은 후손들에게 잠시 빌려 쓰는 것이다. 우리에겐 생태자원을 아름답게 가꿔 후손들에게 물려줄 의무가 있다.

큰 빌딩 짓고 큰 사업 유치하는 것만 지방자치가 아니다. 이게 바로 진정한 지방자치 정신이다. 내 지역의 나무 한 그루 돌 한 덩이 그냥 지나치지 않는 것! 역발상으로 미래를 내다보며 블루오션을 창조하는 것! 지방자치는 거기서 출발한다.

아무도 생각하지
못한 것을 찾고
확신이 서면 저질러라

함평 나비 축제가 1등 축제로 자리 잡았다. 그러자 함평은 국내외 지방자치단체의 벤치마킹 1번지로 떠올랐다. 여수세계박람회, 인천세계도시축전, 경기세계도자비엔날레 등 대규모 국제행사 관계자들이 앞 다퉈 견학을 온다. 이렇게 함평을 방문하는 분들이 나에게 꼭 묻는 게 있다.

바로 성공비결이다. 나비 축제와 세계 나비 곤충 엑스포의 성공비결을 한두가지로 압축하긴 쉽지 않다. 그렇지만 그런 질문을 받을 때마다 내가 즐겨쓰는 표현이 있긴 하다. '농촌다운 것, 함평스러운 것'을 추구했다고.

옛날 중국 제齊나라의 경공景公이 공자孔子에게 어떻게 하면 나라를 바로 다스릴 수 있느냐고 물었다고 한다. 그때 공자는 단 여덟 글자로 명쾌하게 대답했다.

"군군신신 부부자자君君臣臣 父父子子"

『논어論語』「안연편顏淵篇」에 나오는 이야기다.

임금은 임금답고, 신하는 신하답고, 부모는 부모답고, 자식은 자식다워야 한다. 이것이 나라를 바로 다스리는 공자 식의 처방이다. 물론 이 고사의 원래 의미는 나라의 구성원들이 각자 주어진 역할에 충실해야 한다는 것이다.

하지만 오늘날 우리나라 지방자치에도 시사하는 바가 크다.

지금 대한민국은 축제공화국이다. 15년 전 민선 지방자치가 시작되자 지자체마다 지역의 문화와 특산물 등을 소재로 축제를 개최했다. 1년 열두 달 동안 전국에서 열리는 축제만 1,300여 개다. 2008년에 행정안전부에서 지자체가 발주한 축제 관련 예산을 조사했더니 약 7,000억 원에 이르는 것으로 집계되기도 했다. 비판 여론이 달아오른 것은 물론이다.

하지만 축제를 많이 여는 게 잘못은 아니다. 그렇다고 축제가 불필요하다고 말할 수는 없는 것 아닌가? 요즘처럼 지방이 어려운 때 축제는 지역을 널리 홍보하고 경제를 활성화시키는 수단이기 때문이다. 문제는 대동소이한 프로그램으로 방문객을 실망시키는 경우가 많다는 것이다. 그래서 일각에선 통폐합을 거론하기도 한다.

축제를 왜 하는가에 대한 근본적인 고민을 할 때다. 축제의 기본은 지역을 알린다는 것이다. 남들과는 다른 특별한 것을 보여줘야 한다. 농촌이 도시 흉내를 내서도 안 되고 도시가 농촌 흉내를 내서도 곤란하다. 함평은 함평다워야 하고, 울산은 울산다워야 하고, 서울은 서울다워야 한다. 가장 나다운 것이 가장 특별한 것이기 때문이다.

　　나비 축제를 예로 들어보자. 1998년 군수에 취임하고 인수인계를
받아보니 눈앞이 캄캄했다. 함평은 예전부터 천연자원, 산업자원, 관광자원
이 빈약해 3무無의 땅이라고 불렸다. 하지만 정말이지 내 고향 함평이 그렇
게까지 어려울 줄은 몰랐다. 나는 고민하고 또 고민했다.
청사 창문 너머로 사방엔 온통 논밭뿐이었다. 보고서라고 올라온 각종 지표
도 땅으로 곤두박질치고 있었다. 노인 인구 비율은 해마다 늘어나고 연간
관광객 수는 고작 18만 명에 불과한 실정이었다.
어떻게 된 게 국보는커녕 보물 한 점이 없었다. 왜 함평에는 그 흔해빠진 명
산, 사찰, 유적지조차 없는 걸까? 심지어 귀양을 왔던 선비조차 찾아보기
어려웠다. 예를 들면 전남 강진엔 정약용, 해남엔 윤선도, 화순엔 조광조,
나주엔 정도전이 귀양을 왔다. 다른 지자체에선 귀양 온 역사 인물의 이야
기를 가지고 인물 마케팅을 펼칠 수 있었다.
굴비의 유래도 여기서 나왔다고 한다. 영광으로 귀양 온 이자겸이 조기 말
린 게 하도 맛있어서 왕에게 진상을 하기로 했다. 하지만 자신을 귀양 보낸
왕이 아닌가? 그냥 진상하는 건 아무래도 자존심이 상했다. 그래서 진상품
의 이름을 '굴비屈非'라고 지어서 보냈다. 비록 귀양살이 신세이긴 하지만
'굴한 것은 아니'라는 뜻.
함평에선 이런 마케팅도 펼칠 수 없었다. 그랬다. 함평은 전형적인 낙후지

역이었다. 게다가 딛고 일어설 밑천도 없었다. 먹고살기도 힘들고 희망도 보이지 않았다. 고향을 떠나는 사람들이 해마다 늘어났다. 한때 15만 명에 이르던 인구도 4만 명 이하로 줄어든 상태. 절로 탄식이 흘러 나왔다. '맨땅에 헤딩하라는 건가.'

　　그렇다고 꿔다놓은 보릿자루처럼 군청에 앉아 있을 수는 없었다. 군청에 앉아 결재나 하라고 젊은 나를 군수로 뽑아준 게 아니기 때문이다. 나는 장터, 식당, 골목, 논밭을 누비며 주민들을 만났다.
"여러분과의 약속 반드시 지킬 겁니다. 제가 꼭 전국 제일 함평을 만들겠습니다."
젊은 군수의 패기에 찬 다짐에 주민들은 대부분 격려를 아끼지 않았다. 하지만 그중엔 순박한 시골사람들 허파에 바람 들게 만든다는 의혹의 눈초리도 섞여 있었다.
"예끼 이보쇼, 이 작고 가난한 농촌마을이 어떻게 전국제일이 된단 말이오?"
틀린 말이 아니었다. 이 낙후된 고장에 기업체들이 돈 싸들고 달려올 리 없었다. 당시 지역 여건상 산업단지를 조성하기도 어려웠다. 주민들도 젊은 군수의 열정과 의욕은 인정했지만 '전국 제일 함평'이라는 구호는 귓등으로 흘려듣는 분위기였다. 하지만 내 생각은 달랐다.
"함평은 농촌이다. 가장 농촌다운 방법으로 1등을 하면 될 게 아닌가?"

낙후된 함평의 가치도 드높이고 패배의식에 빠진 주민들에게 자신감도 심어주고 싶었다. 새벽 4시면 잠을 떨치고 산봉우리에 올라가 함평천지를 내려다봤다. 처음엔 막막했다. 그런데 며칠이 지나자 읍내를 가로지르는 함평천에 시선이 꽂혔다. 다른 지역에도 저렇게 읍내를 지나는 하천이 있을까? 뭔가 그림이 될 것 같았다.

이번엔 함평천으로 내려가 제방 길을 걸어봤다. 시원한 바람이 불면서 가슴이 탁 트이는 기분이었다.

'이 함평천 주변에 유채꽃과 자운영을 심으면 바람이 불 때마다 노랑과 보라의 꽃물결이 일겠지.'

즉각 지시를 내렸다. 함평천 둔치 10만여 평에 유채꽃밭을 조성했다. 주변 논밭의 주민들에겐 자운영 씨를 나눠줬다.

주민들은 어리둥절했다. 저 놈의 군수가 철없는 짓 한다고 손가락질했다. 하지만 일단 저지르고 봤다. 그것은 방송 PD 시절부터 몸에 밴 행동철학이었다.

'아무도 생각하지 못한 것을 찾고 된다는 확신이 서면 저질러라!'

경관조성 사업이 진행되고 내가 생각하는 그림이 나타나자 욕심이 생겼다.

'축제를 해보면 어떨까?'

공무원들은 입을 모아 유채꽃 축제를 주장했다. 그 당시 제주도는 이미 유채꽃 축제로 선풍적인 인기를 누리고 있었다. 그래서 남도의 다른 지자체들도 공공근로를 통해 유채꽃을 심는 것이 유행이었다. 내 마음은 찜 찜했다.

'그래서? 함평도 그중의 하나가 되자고?'

어차피 유채꽃 축제는 다른 지역에서 한 것처럼 매뉴얼만 따라가면 된다. 군수로서 실적 하나 뚝딱 만들어내는 건 일도 아니다. 하지만 거기까지다. 제주도가 선점한 레드오션에서 함평을 전국 제일로 만들 기회를 찾는다고? 어불성설이다.

'함평만의 특별한 것을 찾자.'

'가장 농촌다운 것, 가장 함평스러운 것이 도대체 무엇일까? 도시에서는 죽었다 깨어나도 경험할 수 없는 진짜 농촌, 이제는 동화 속에서나 찾아볼 수 있는 진짜 시골, 뭐 이런 게 없을까?'

나는 고민하고 또 고민했다. 내 어린 시절의 기억 속에 머물러 있던 나비가 뛰쳐나온 것은 그 즈음이었다.

나는 방송 PD로 근무할 때 나비의 생태를 다룬 미니 다큐멘터리를 제작한 경험이 있다. 나비에 대해선 이미 어느 정도 사전 지식을 갖고 있었다. 나비는 청정한 땅에 서식하는 곤충이기에 함평의 친환경농업을 홍보하기에 적격이다. 또 유채꽃밭 사이로 나비가 너울너울 날아다니는 모습은 상상만으로도 기분이 좋아진다. 일단 결심이 서자 또 다시 저질러버렸다.

초짜 군수가 나비 축제 개최를 선언하자 지역여론이 들끓었다.

"하찮은 곤충을 구경하겠다고 서울 사람들이 잘도 오겠다. 저런 바보를 군수랍시고 뽑아놨으니……."

"축제를 하려면 농작물로 해야지 나비를 어디다 쓰겠다고……. 군수가 미쳤군, 미쳤어."

심지어는 우리 아버지까지 동네 창피하다며 그만두라고 했다. 어린 시절 밖에서 아무리 사고를 치고 돌아와도 '네 잘잘못은 스스로 판단해서 행동하라'던 아버지다. 그런 아버지도 읍내 장터며 동네 식당에서 욕 얻어먹는 아들을 보니 갑갑했던 모양이다. 아버지 앞에선 "예, 알겠습니다." 하고 물러나왔지만 내 결심은 흔들리지 않았다.

1999년 제1회 나비 축제는 그렇게 서막을 올렸다. 공무원과 주민들도 '기왕에 엎질러진 물'이라며 나를 따를 수밖에 없었다. 사실 날더러 '바보' '미친놈'이라고 욕하던 사람들도 마냥 손사래만 치기는 어려웠다. 어차피 "함평엔 이거요!" 하고 엄지손가락 치켜세우며 내세울 만한 문화재도 특산품도 없었다. 결과적으로 특출한 자원이 없는 땅이라는 게 전화위복이 된 셈이다.

고생 끝에 낙이 온다고 했던가? 가장 농촌다운 것, 가장 함평스러운 것을 찾는 과정은 혹독했다. 그러나 12년이 흐른 지금 나비는 밥 짓고 국 끓이는 것은 물론 사람들까지 고급스러워 보이도록 만드는 복덩어리가 됐다. 이제 서울 사람들도 다 안다. 함평엔 특별한 것이 있다는 걸.

나비는 함평
나비공장에서
태어난다

언젠가부터 우리나라 사람들은 "함평" 하면 "나비" "나비" 하면 "함평"을
떠올린다. 함평 나비가 우리나라 사람들의 가슴에 깊숙이 자리 잡은 것이
다. 초등학교 교과서만 봐도 알 수 있다. 2010년부터 4학년 국어교과서에
함평 나비 축제와 나비 생태에 대한 설명이 7쪽에 걸쳐 실려 있다.
다음은 어느 초등학교의 국어시간. 선생님이 주제를 내주고 아이들이 조별
로 토론해서 발표하는 수업이었다.
"여러분, 나비가 어디서 태어나 어떻게 자라는지 알아볼까요?"
선생님의 제안과 함께 아이들은 초롱초롱한 눈빛으로 열심히 이야기를 나
눴다.
드디어 발표자가 단상에 섰다.

"나비는 함평의 나비공장에서 태어나 나풀나풀 서울로 날아옵니다."

교실은 삽시간에 웃음바다로 변했다. 그 아이는 함평 나비 축제에
서 봤던 신기한 광경을 친구들에게 털어놓은 것이다. 물론 실제로 있었던
일이다.

도시 아이들은 함평의 나비 생태관에서 나비가 떼를 지어 나오는 모습이 경이로울 수밖에 없다. 사방이 온통 나비천지인 함평은 그래서 천진난만한 아이들에겐 나비 공장이다. 꿈을 꾸도록 해주는 꿈의 공장이다.

하지만 함평 나비가 남녀노소 모든 국민의 가슴에 자리 잡기까지는 수많은 사람들의 정성과 노고가 밑거름이 돼야 했다. 단지 나비를 소재로 축제를 했기 때문에 거저 얻어진 게 아니란 말이다. 함평 나비는 철저한 브랜드 관리의 결실이다.

내가 브랜드의 중요성에 대해 눈을 뜬 건 1998년 함평의 대표상품을 구상하던 시절이다. 당시 나는 함평에서 생산되는 농작물과 특산품 중 어느 것을 대표상품으로 키워야 할지 고민이었다. 쌀을 지원하자니 한우가 눈에 밟히고 한우를 육성하자니 쌀이 목에 걸렸다.

그뿐인가. 양파, 고구마, 뱀장어는 또 어떻고. 문제는 "이거다!" 싶은 게 없다는 점이었다. 고만고만한 상품들은 꽤 있었지만 그렇다고 그걸 다 대표상품이라고 내세울 수는 없는 노릇 아닌가. 그런 식으로 해서는 실컷 돈만 쓰고 헛물만 켜기 십상이다. 발상의 전환이 필요했다.

'상품이 아니라 함평 그 자체를 알려보면 어떨까? 소비자가 전자제품을 고를 때 어느 회사에서 만드는지를 중요하게 생각하듯 함평도 좋은 이미지로 널리 알려질 수만 있다면 농작물이든 특산품이든 잘 팔리지 않을까? 그래, 우리도 삼성처럼 브랜드를 만들어보는 거야. 가장 농촌다운, 가장 함평스러

운 브랜드를…….'

　　일단 브랜드로 승부해보자고 마음을 먹으니 가슴 한 구석에서 희망
이 솟구쳤다. 함평에 찍힌 3무의 땅이라는 낙인도 희망의 눈으로 보기 시작
하자 축복으로 여겨졌다. 낙후된 지역이라는 건 그만큼 깨끗한 환경을 보존
하고 있다는 뜻이 아닌가.

함평이라는 브랜드의 핵심가치는 '깨끗한 환경'으로 정했다. 그 다음은 이
야기가 필요했다. 도시인들이 시름을 잊고 빠져들 수 있는 이야기 말이다.
특히 삭막한 아파트 단지에서 자라나는 아이들을 주목했다. 아이들이 동화
속에서나 만날 수 있는 '꿈의 마을'이야말로 가장 농촌다운 브랜드라고 생
각했다.

그럼 '깨끗한 환경' '꿈의 마을'이라는 함평의 가치와 이야기를 사람들에게
전파할 상징물은 무엇일까? 함평이라는 브랜드에 화룡점정을 할 랜드 마크
말이다. 그것이 바로 나비였다. 도시의 아스팔트 거리에서 이제는 전설이
돼버린 그리운 이름. 함평천 유채꽃밭 사이로 나풀대며 춤을 추는 꿈꾸는
감수성. 이보다 더 좋을 수 있을까?

　　사람들은 나비를 통해서 함평이 깨끗한 환경을 보존한 꿈의 마을이
라고 생각한다. 함평에서 생산되는 농작물과 특산품도 나비로 인해 더 비싼
값에 소비자의 선택을 받는다. 그러나 어렵게 쌓은 브랜드도 관리가 이뤄지

지 않으면 무용지물이다.

축제만 잘 치른다고 능사는 아니다. 그동안 나는 나비를 중심으로 군의 이미지를 통합하는 데 심혈을 기울여왔다. 전문 디자이너가 상주하면서 나비 디자인을 제작했다. 역, 정류장, 간판, 대문, 벽 등 어느 곳에서든 나비문양을 찾아볼 수 있도록 했다.

함평을 방문하는 손님들이 가장 먼저 만나는 것도 나비다. 함평에 들어서면 산자락에 앉아 날개를 편 거대한 나비의 인사를 받는다. 화재로 인해 민둥산이었던 걸 철쭉과 금계국을 심어 나비문양을 만들었다. 그래서 철쭉이 피면 빨간 나비, 금계국이 피면 노란 나비가 돼 사시사철 아름다움을 뽐낸다. LED 불빛을 밝힌 밤의 나비도 장관이다.

들판에도 유채꽃을 심어 나비형상을 연출했다. 아직은 규모가 작지만 고속도로를 몸통으로 삼아 스케일을 키울 계획도 있다. 그러면 하늘을 나는 비행기에서도 함평나비를 볼 수 있을 것이다. 어쩌면 '미스터리 서클'이라고 해서 해외토픽에 오를지도 모를 일.

함평군이 이미지 통합에 정성을 쏟자 지역의 다른 기관과 기업들도 나비 브랜드 따라잡기에 나섰다. 함평을 방문하는 손님들은 고속도로 요금소에서부터 나비조형물을 만날 수 있다. 도로공사 역시 나비 브랜드 만들기에 흔쾌히 동참한 것. 함평 인근엔 휴게소도 나비휴게소다.

　　무엇보다도 중요한 건 사업적 활용이다. 아무리 이미지 통합을 잘

했어도 사업적으로 활용할 수 없다면 말짱 꽝이다. 브랜드는 상표와 서비스표 등록으로 이어져야 한다. 우리가 브랜드를 만드는 이유가 무엇인가? 지역을 널리 알리고 경제를 활성화시켜 주민을 더 잘살게 만들어보자는 것 아닌가?

상표와 서비스표 등록을 해서 브랜드의 경제 효과를 주민에게 돌려주어야 한다. 아무리 축제를 잘 치러도 상표와 서비스표 출원을 하지 않으면 언제든 브랜드를 빼앗길 위험이 있다. 그렇게 되면 피 같은 세금으로 헛힘만 쓴 꼴이다.

함평은 나비 축제만 가지고 상표 56건, 서비스표 10건, 업무표장 2건(총 68건)을 등록했다. 그래야 나비 브랜드를 이용해 지역의 상품과 서비스를 판매할 수 있기 때문이다. 상표와 서비스표 등록은 버릇이 돼야 한다. 돈 좀 되겠다 싶으면 특허청으로 달려가는 자세가 바로 프로근성이다.

브랜드가 널리 알려지면 상품개발도 망설일 이유가 없다. 나는 1999년 나비 축제가 성공을 거둔 뒤 나비 브랜드를 활용한 상품제작에 착수했다. 넥타이, 스카프, 타월, 찻잔, 지갑, 팬시용품 등 다양한 상품에 나비를 형상화한 '나르다' 상표를 붙여 유통시킨 것이다.

2002년 한 해에만 38개류 299개 품목을 특허청에 상표등록 했다. 현재 우리 함평군은 특허청에서 가장 많은 지적재산권을 확보한 기초자치단체다. 이렇게 개발한 상품으로 행남자기와 무한타월 등의 업체들과 라이선스 계

약을 체결해 60억 원이 넘는 매출을 기록했다. 빈약한 군 재정에 효자노릇
을 톡톡히 한 셈이다.

나르다 상표의 활약은 단순히 돈 몇 푼 벌어들이는 데 그치지 않았다. 청와
대, 환경부, 서울시의 의전상품으로 납품되는가 하면 2002년 월드컵 라이
선스까지 획득했다. 나르다 상표가 대한민국과 세계에 함평을 알리는 전령
사 노릇을 톡톡히 해낸 것이다.

그렇게 12년이 흘러 함평은 정말 그 자체로 브랜드가 됐다. 그것도
대한민국 일류 브랜드가 돼 있다. 나비로 부와 희망을 창조하는 곳! 푸른 꿈
이 자라나는 청정지대! 이제 누가 함평을 3무의 땅이라고 부를 것인가?

불리한 여건을
탓하지 말고
내 편으로 만들어라

나는 공직자들이 예산 탓, 제도 탓, 권한 탓 하면서 안 되는 이유를 늘어놓는 걸 싫어한다. 좋은 아이디어가 있으면 잘 포장하고 논리를 만들면 된다. 꿈과 의지가 있으면 예산은 따라오게 돼 있다.

물론 권한이 미약해 벽에 부닥칠 때도 있다. 그럴 때 쓰라고 있는 게 군수다. 좀 과장된 표현이긴 하지만 나는 3선 군수를 지내며 손금이 다 닳았다. 좋은 기획안이 올라오면 내가 직접 중앙부처를 찾아다니면서 예산 좀 내달라고 빌었기 때문이다.

이순신 장군은 아무리 불리한 상황에 처해도 남 탓을 하지 않았다. 장군이 조정에서 받은 건 굶주림에 지친 병사들과 판옥선 몇 척밖에 없었다. 그럼에도 그는 한 번도 임금과 조정을 탓하지 않았다. 현장에서 문제를 해결하고 창조적 리더십을 발휘했다.

왜적은 숫자도 많은데다 칼솜씨가 뛰어났다. 오랜 내전 속에서 군사를 양성하고 실전을 많이 치른 덕분이다. 이순신 장군은 근접전 대신 대포와 거북선을 앞세우는 전술을 세웠다. 다음은 임진년에 장군이 경상도 해안에서 연전연승을 거둔 후 조정에 올린 장계.

신은 일찍이 왜적의 침입이 있을 것을 염려해 별도로 거북선을 만들었습니다. 앞에는 용머리를 붙여 그 입으로 대포를 쏘게 하고 등에는 쇠못을 꽂아 적이 올라탈 수 없도록 했습니다. 비록 적이 수백 척이라 하더라도 쉽게 돌진해서 포를 쏘게 돼 있습니다. 이번 싸움에서 돌격장이 거북선을 지휘했습니다.

이순신 장군은 또 해전마다 지형과 전세에 맞는 다양한 전술을 개발했다. 한산대첩 때 쓴 학익진만 해도 수세와 공세, 유인과 섬멸, 도주와 역공, 포위와 역포위 등 변화무쌍한 전술이 펼쳐졌다. 그 결과 왜적은 서해를 우회하는 전략을 포기하고 조선은 전라, 충청, 황해를 지킬 수 있었다. 이순신 장군은 백척간두의 위기에서 나라를 구한 위대한 성웅이다. 하지만 숭상만 하는 데 그쳐서는 안 된다. 장군이 어떻게 연전연승했는지 벤치마킹해보면 무에서 유를 창조하는 리더십을 읽어낼 수 있다. 그것은 주어진 여건을 탓하지 않고 불리한 현실마저 내 편으로 만드는 불굴의 정신에서 출발한다.

함평은 항일 독립운동의 대표적인 인물들을 배출한 고장이다. 특히 일강 김철 선생은 천석꾼 살림을 모두 처분하고 상하이로 건너가 임시정부 수립의 초석을 놓았다. 그는 김구 선생 밑에서 비서장과 재무장을 지냈다. 그는 임시정부 청사도 만들었다.

지난 2004년 임시정부 청사가 상하이 시의 재개발로 철거위기에 놓였다. 나는 함평에 임시정부 청사를 복원하기로 했다. 곧 추진위원회까지 구성하고 청사 복원을 위한 계획을 수립했다. 하지만 국비를 집행하는 보훈처에서 어깃장을 놓는 게 아닌가?

임시정부 청사는 함평보다 독립기념관이 있는 천안이나 서울의 탑골공원이 어울린다는 이야기였다. 한 마디로 무슨 놈의 함평이냐는 것. 이런 식이면 청사복원은 요원할 것이란 판단이 들었다. 나는 전술을 바꾸기로 했다. 우선 보훈처와의 협상에 매달리지 않고 자체 예산으로 임시정부 청사복원을 개시해버렸다.

협상 중에도 진격을 멈추지 않으면 상대는 자신도 모르게 경외심을 품게 마련이다.

우리는 2007년 나비 축제가 끝나자 비장의 카드를 꺼냈다. 국립현충원에서 열리는 현충일 추모행사에 나비 날리기를 제안한 것.

직원들은 그게 통하겠냐며 걱정스러운 반응을 보였다. 하지만 나에겐 확신이 있었다. 호국영령을 추모하는 자리에 나비보다 더 좋은 게 없다. 우리 조상들은 나비를 '영혼' '환생'의 의미로도 해석해왔다. 「춘향가」에 '너는 죽어 꽃이 되고 나는 죽어 나비 돼'라는 구절이 나오는 것도 그래서다.

보훈처에서도 이 제안을 쾌히 받아들였다. 현충일 아침, 우리는 나비 5천

마리를 짊어지고 서울 동작동으로 향했다. 추모행사가 무르익을 무렵 마침내 나비가 날아올랐다. 내가 방송 PD 출신이지만 정말 그렇게 말 잘 듣는 나비는 처음 봤다. 마치 호국영령이 되살아난 듯 처연한 춤사위를 선보였다. 나비는 묘역을 너울너울 날아다니며 영령들의 넋을 달래고 유가족들의 마음을 어루만졌다. 지켜보는 모든 이의 콧날이 시큰해졌다. 그것은 감동이었다.

행사가 끝나자 보훈처장이 내게로 다가왔다. 고맙다는 인사를 하기 위해서였다. 나는 단도직입적으로 질문을 던졌다.

"임시정부 청사 복원 어떡할 겁니까?"

그 자리에서 보훈처장으로부터 국비 10억 원을 타냈다. 임시정부 청사 복원 사업은 이런 우여곡절 끝에 순조롭게 마무리 됐다.

대한민국국향대전의 성공도 무에서 유를 창조하는 불굴의 정신이 바탕이 됐다. 우리는 봄에 열리는 나비 축제가 명품 축제로 자리 잡자 가을에도 관광객들을 불러 모을 수 있는 방안을 찾기 시작했다. 그런데 그게 쉽지 않았다.

솟대장승 한마당과 호박 축제 등을 열어봤지만 거푸 쓴 잔을 들이켰다. 자존심이 상했다. 오기가 발동했다. 아무것도 없는 척박한 땅에서 우리나라 최고의 축제를 창조해낸 함평이 아닌가? 연일 머리를 맞대고 토론을 벌였다. 그만큼 절실했다.

그때 농업기술센터에서 기획안 하나가 올라왔다. 국화 축제를 열자는 제안이었다. 처음엔 별로 구미가 당기지 않았다. 우리나라에 국화 축제만 해도 100개가 넘는다. 어떻게 함평만의 특별한 것을 보여줄 것인가? 고개를 갸우뚱했다.

그러나 기획안을 낸 고찬훈 지도사의 생각은 달랐다.

"국화 축제가 그렇게 많은 것은 뒤집어 보면 우리나라 사람들이 국화에 관심이 많다는 뜻입니다. 그냥 국화 축제가 아니라 나비 축제처럼 명품 축제를 만들면 됩니다."

고 지도사는 국화에 미친 사람이었다. 대학시절부터 동아리 후배들을 이끌고 백화점 등을 돌아다니며 국화전시회를 개최했다. 완도가 고향이지만 함평 근무를 자원한 것도 국화 때문. 당시 들어온 지 8개월밖에 안 됐지만 열정과 집념이 느껴졌다.

그날 밤 잠자리에 들기 전, 나는 다시 기획안을 검토했다. 기획안은 국화보다는 국화의 향기에 초점을 맞추고 있었다. 장난이 아니겠다는 생각이 들었다. 새벽 4시에 고 지도사에게 전화를 걸었다.

"작품 하나 만들어 보소!"

2004년 가을 나비 축제로 시작된 국향대전은 예산도 인력도 태부족인 상태에서 첫걸음을 뗐다. 그것도 단독 축제가 아니라 호박 축제가 곁들여진 형식이었다. 그러나 예상을 깨고 관람객들이 몰려들었다. 이에 힘을 얻은 우리는 2005년부터 대한민국국향대전으로 이름을 바꾸고 본격적인 인기몰이에 나섰다.

고기도 먹어본 사람이 잘 먹는다는 속설이 있다. 함평은 이미 나비 축제를 통해 계절 축제의 묘미를 어떻게 살려야 하는지 터득하고 있었다. 거기다 몇 차례의 시행착오를 통해 쌓은 가을 축제 노하우도 뒤늦게 빛을 발했다. 국향대전은 그저 구경만 하고 돌아가는 이벤트가 아니다. 관람객들은 국화 분재 작품들을 감상한 다음 12만 평의 너른 국화들녘에서 국화 향에 흠뻑 취한다. 특히 가을의 정취를 물씬 풍기는 체험 프로그램들이 인기를 모은다. 손수 국화꽃을 따서 국화차를 만드는 체험은 아무 데서나 할 수 없다. 고구마 구워먹기, 콩 볶아먹기, 알밤 줍기 같은 프로그램도 아이들에게 색다른 즐거움을 선사한다. 한 번 맛들이면 또 안 오고는 못 배기는 것이다.

2008년에는 최고의 히트작품 '국화 숭례문'을 선보였다. 실물의 2분의 1 크기로 제작된 숭례문엔 황봉, 귀인, 환희 등 20품종 3,000여 그루의 국화가 사용됐다. 방화로 불타버린 국보 1호 숭례문의 빠른 복원을 기원하는 취지였다.

국민들은 가을의 정취 속에 국화 조형물로 되살아난 국보 1호를 보면서 기쁨의 눈물을 흘렸다. 2009년에는 성곽까지 재현하고 문지기 2명을 두었다. 미국 최초의 흑인 대통령 오바마도 만나볼 수 있게 했다. 2008년 11월은 오바마의 당선이 확실시되면서 전 세계에 오바마 열풍이 불 때였다. 우리는 직접 미국의 오바마 선거캠프에 전화를 걸어 실물크기 사진을 확보했다.

그의 당선일인 11월 5일, 행사장엔 국화꽃 정장을 입은 오바마 조형물이 나타났다. 당선 발표 시간에 맞춰 꽃목걸이를 걸어주자 지켜보던 관람객들이 박수를 치고 난리가 났다. 함평에서 세계사의 한 페이지를 체험한 셈이다.

어느새 국향대전은 대한민국 최고의 가을 축제로 자리를 잡았다. 2009년 한 언론사에서 실시한 설문조사에서도 나비 축제와 함께 대한민국 국향대전이 명품 축제로 꼽혔다. 거듭된 실패를 딛고 무에서 유를 창조해낸 것이다.

물론 내가 추진한 사업들 중에 실패한 것들도 많다. 1999년에는 함평에서 소싸움도 했다. 함평이 한우로 유명한데다 과거엔 소싸움을 붙이던 전통도 있었다. 소 키우라고 돈도 지원했지만 한 번 하고 접어야 했다.

2000년엔 애완견이 실버산업으로 괜찮을 것 같았다. 시골 어르신들이 힘든 농사일 대신 개를 키워서 분양해주면 소득을 늘리는 데 도움이 될 것으로 봤다. 2,500만 원을 들여 좋은 품종의 강아지를 사들였지만 애완견 열풍이 내리막길을 타는 바람에 그만뒀다.

그러나 지도자가 실패 몇 번 했다고 도전을 두려워한다면 공동체의 미래는 없다. 미국의 프랭클린 루즈벨트 대통령은 초선 취임 연설에서 다음과 같이 말했다.

"우리가 두려워해야 할 것은 두려움 그 자체뿐입니다."

당시 미국은 경제 대공황으로 절망적인 상황에 빠져 있었다. 그러나 미국인들은 이 말에서 새로운 희망을 얻었다.

　　모든 고난과 실패는 꿈을 이루기 위한 과정일 뿐이다. 고난의 가시
밭길을 걷더라도 꿈을 놓지 않는 자만이 무에서 유를 창조할 수 있다. 이런
불굴의 창조정신으로 나비 축제와 국향대전을 명품 축제로 만들었다.

생각대로 하지 않으면
사는 대로 생각하게 된다

함평 나비 축제가 뜨니 다른 지자체에서도 나비를 주제로 이런저런 사업을 한다고 난리다. 수천억 원씩 퍼부어 나비전시관과 나비생태공원을 만드는 중이다. 함평에서도 나비를 부화시켜서 공급하는 등 도움을 주고는 있다. 하지만 지나친 물량공세를 펴거나 다국적 기업에 의존하는 모습을 볼 때면 안타까운 마음도 든다.

겉만 찬란하게 치장하는 게 능사는 아니다. 함평나비는 200평의 비닐하우스에서 출발했지만 오늘날 지자체를 대표하는 브랜드가 됐다. 돈이나 규모로 밀어붙이지 않았다.

함평은 '창조의 부엌'이다. 재료가 부족하더라도 생각, 문화, 감성, 상상력 같은 양념을 버무려 먹음직한 명품요리를 만들어낼 수 있다. 이게 핵심이다.

창조정신은 결코 한 자리에 머물지 않는다. 끝없이 사고하고 연계하고 진화해 나간다. 시대의 변화는 급물살과 같다. 급물살 속에서 가만히 있으면 떠내려가고 만다. 우리 함평 역시 나비 축제의 성공에 취해 안주했다면 급물살에 휩쓸려 사라지는 신세를 면치 못했을 거다.

아리스토텔레스는 인생은 움직임에 의해 규정된다고 했다. 움직이지 않는 것은 죽은 것과 같다는 말. 그런 면에서 성공은 오히려 위험하다. 성공한 사람일수록 성공의 달콤함에 도취돼 움직이지 않으려는 경향이 있기 때문이다. 고로 성공한 기억은 빨리 잊어버리는 편이 낫다. 그래야 다시 앞으로 나아갈 수 있다.

미국의 야구영웅 테드 윌리엄스Ted Williams는 항상 이전 타석의 일을 잊어버리려고 노력했다. 그는 안타를 쳤든 삼진을 당했든 일단 덕아웃으로 돌아가면 모두 잊어버렸다. 오로지 게임의 흐름에 온 정신을 집중했다. 직전 타석에 홈런을 빼앗은 투수도 예외 없었다. 이번엔 전 타석과 다를 것이므로.

함평나비는 가을국화를 거쳐 황금박쥐로 진화하고 있다. 1999년 1월 함평군 대동면 고산동 일대에서 황금박쥐가 발견됐다. 황금박쥐는 환경부 지정 멸종위기 포유동물 1호이자 천연기념물 452호다. 지구촌을 통틀어 20~30마리밖에 남지 않았을 정도로 세계적인 희귀종이다. 그런데 고산동 일대에서만 무려 60마리 이상이 서식하고 있는 게 아닌가?

나는 황금박쥐가 나비와 더불어 함평의 청정 이미지를 높일 생태환경자원이라고 판단했다. 문제는 주민들의 협조였다. 정부 차원에서 생태보전구역 지정을 추진하다가 주민들의 반대로 무산되는 일이 잦을 때였다. 보전만 강요해서는 주민들의 공감을 얻을 수 없다. 보전은 기본이고 소득으로 이어져야 한다. 나는 황금박쥐를 활용해 함평 브랜드도 업그레이드하고 주민소득도 챙기는 방안을 찾았다.

내가 이런 자세로 주민들을 설득하자 생태보전구역도 나쁘지 않다는 분위기가 형성됐다. 결국 지난 2002년 고산동 일대가 생태보전구역으로 지정됐다. 지자체가 먼저 환경부에 생태보전구역 지정을 요청해 받아들여진 첫 사례다. 그러나 황금박쥐 활용방안은 산고를 거듭했다. 아이디어는 많았지만 까다로운 보전조건이 문제였다.

예를 들면 서식지에 마이크로카메라를 설치해 민박집에서 관찰하도록 하는 방안도 동굴 속에 쇠붙이가 들어가면 황금박쥐가 초음파를 발생시키기 때문에 안 된다고 해서 포기했다. 시간은 흐르는데 답은 안 나오고……. 나비와 국화에 이어 황금박쥐도 작품이 될 줄 확신했는데 이대로 물 건너가나 싶었다.

그러나 복잡할 때는 단순논리가 정답일 수도 있다. 불현듯 아예 황금을 사들여서 황금박쥐 조형물을 만드는 건 어떨까 하는 생각이 머리를 스쳤다. 일단 그림이 나온다. 황금은 사람들의 호기심을 자극하는데다 황금박쥐 이미지하고도 직결된다.

또 성공사례도 있었다. 일본의 효고 현이 금덩어리를 사들여 관광자원으로 삼은 전례가 있다. 1980년대 후반, 일본 경제가 가장 잘 나가던 시절이었다. 일본 정부는 넘치는 돈을 주체 못하고 모든 지자체에 1억 엔씩 나눠주며 관광 상품을 만들어 보라고 했다. 그러나 효고 현에서는 아무리 생각해도 좋은 아이디어가 떠오르지 않았다.

고심 끝에 금괴 62.7킬로그램을 구입해 그대로 전시했다. 금덩어리 자체를 관광 상품으로 내놓은 것이다. 그런데 예상치 못한 반응이 나타났다. 이 금덩어리를 보려고 관광객들이 몰려온 것이다. 요즘도 효고 현에서는 색다른 방법으로 이 관광자원을 홍보한다. 지방의회에서 금덩어리를 팔자고 요구하면 신문방송에서 즉각 이 사실을 보도하고 그러면 어김없이 관광객이 늘어난다. 한 마디로 짜고 치는 고스톱이다.

나는 그냥 금덩어리도 성공했는데 황금박쥐처럼 생태환경을 주제로 한 순금 조형물이 실패할 리 없다고 판단했다. 나는 나비에 이어 황금박쥐를 함평의 새로운 랜드 마크로 삼으면 훌륭한 관광 상품이 될 것이라고 굳게 믿었다.

게다가 당시 금값은 한 돈에 4만 원이었다. 경기가 하락하면 금사재기로 인해 금값이 오르게 돼 있다. 가만히 모셔만 둬도 돈방석에 오르는 셈이다. 또 일본 교토의 금각사는 금박을 입혀놓은 거라 닳아 없어지면 새로 해야 하지만 순금조형물은 그런 염려도 없었다. 한 돈도 줄어들지 않는다. '일거양득'이 아니라 '일거십득'은 되는 일이었다.

하지만 내가 이런 아이디어를 내놓자 또 다시 여론이 들끓었다.

"어쩌다 운 좋게 나비 축제 한 번 성공시켰다고 또 미친 짓이네."

"도금하면 되는데 금덩어리를 사들이다니 그게 군수로서 할 짓이야?"

수군수군 뒷말이 무성했다. 언론에서도 쇼 한다느니 전시행정이라느니 하면서 곱지 않은 시선을 보냈다.

그렇게 또 몇 년이 흘러 2005년이 되자 금 한 돈 가격이 6만 원에 이르렀다. 내가 다시 큰 소리를 치자 이번에는 반대여론이 고개를 숙였다. 금값이 진짜로 오르는데다 달리 뾰족한 수도 없었던 것이다.

나는 순금 구입비용을 마련하기 위해 백방으로 뛰어다녔다. 당시 행정자치부 수장이었던 김두관 장관은 남해군수 재임 시절 우리 함평군과 자매결연을 맺은 인연이 있었다. 나는 김 장관을 찾아가 대뜸 특별교부세 30억 원을 내놓으라고 요구했다.

"장관님도 시골에서 이장 군수 다 해보셨잖아요. 창조적인 발상을 하는 자치단체는 도와줘야 하는 거 아니요?"

난색을 표하던 장관도 그 말을 듣더니 고개를 끄덕이며 대답했다.

"30억 원은 어렵고 10억 원은 어떻게든 마련해 드리겠습니다."

마침내 우리는 국비 포함 27억 원을 들여 순금 162킬로그램을 구입할 수 있었다. 금괴가 들어오던 날, 나는 가슴에 응어리진 한을 푼 심정으로 금괴를 모두 깔아놓고 위에 드러누워도 보고 발로 지근지근 밟기도 했다. 10년 묵은 체증이 한꺼번에 내려가는 기분이었다. 작품제작은 홍익대 디자인공학연구소에 맡겼다.

황금박쥐 조형물은 3년여에 걸쳐 완성됐다. 그리고 2008년 세계 나비 곤충 엑스포에서 첫 공개돼 관람객의 시선을 사로잡았다.

거북이 형상의 기단 위에서 5마리의 순금 황금박쥐가 세상만물과 교감하는 모습을 바라보고 있으면 항상 기분이 좋다. 내 귀에다 대고 함평의 풍요로운 미래를 속삭이는 것 같다.

　　　27억 원에 구입한 순금의 시세가 지금은 80억 원이 넘는다. 작품으로서의 가치를 제하고도 3배가 넘는 장사를 한 것이다.

아쉬움도 남는다. 처음에 나는 순금 1톤으로 만들자고 했다. 1톤이면 세계적인 상품이고 축소하면 우리나라 상품밖에 안 된다고 생각했다. 원안대로 순금 1톤을 썼으면 어땠을까? 아마도 지구촌의 화제가 되고 외국인관광객도 늘었을 것이다. 시세차익만 해도 어휴…….

그래도 후회는 없다. 어차피 앉아서 돈 벌자고 만든 게 아니다. 나비가 그랬듯 함평 특유의 창조정신이 가미되면 1톤이 아니라 100톤 1,000톤의 가치로 불릴 수 있을 것이라 믿는다. 그러려면 스토리, 즉 이야기가 필요하다. 아직 확정은 안 했지만 재미있는 구상들을 하고 있다.

우선 첩보영화 「007」의 소재로 활용할 수 있다. 미래의 어느 날 국제범죄조직이 시가 1,000억 원대로 뛰어오른 황금박쥐 상을 탈취할 음모를 꾸민다. 이를 막기 위해 007이 출동하고 치열한 암투 끝에 순금조형물을 지키고야 만다. 이런 시나리오로 영화를 찍으면 황금박쥐 상도 007 못지않은 귀하신 몸으로 대접받을 게 틀림없다.

또 기복祈福 문화에 호소하는 방법도 있다. 미국 하버드 대학에 가면 초대총장의 동상이 있다. 언젠가부터 그 동상의 엄지발가락을 만지면 자녀가 공부를 잘한다는 속설이 떠돌기 시작했다. 교육열이 유별난 우리나라 사람들이 가만 놔둘 리 없다. 미국여행만 갔다 하면 너도 나도 하버드 대학으로 향했다. 오죽하면 한국 사람들이 지나가면 동상의 엄지발가락에 피가 난다는 우스갯소리가 나왔을까?

황금박쥐 조형물을 가지고도 그런 전설을 만들 수 있다. 자녀 공부가 걱정인 부모들에겐 황금박쥐 머리를 만지면 성적이 오른다더라, 아들 딸 못 낳는 게 걱정인 부부들에겐 황금박쥐 거시기 한 번 만지면 아기가 생긴다더라, 하는 희망에 관한 이야기들 말이다.

아무튼 이렇게 공들여 만든 조형물을 전시관에 처박아둘 수는 없는 노릇이다. 이야기를 만드는 것도 중요하지만 얼른 출장을 내보내서 돈을 벌어오도록 해야 한다. 그래서 2009년 11월 신세계 임원진들이 함평군의 창조경영을 벤치마킹하러 왔을 때 슬쩍 제안을 했다.

"신세계는 연간매출이 13조 원인데 이런 순금조형물은 없지요?"

임원들이 감탄을 하면서 부러운 눈길을 보냈다. 결국 황금박쥐 조형물은 2010년 초에 동양 최대 백화점인 신세계 센트럴 시티지점에 출장을 갔다. 일본 관광객들의 탄성을 자아내며 바다 건너까지 화제에 오른 것은 물론이다. 여세를 몰아 해외출장도 고려중이다. 레오나르도 다 빈치의 「모나리자」처럼 말이다.

황금박쥐 조형물은 상설전시와 출장전시를 통해 나비와 더불어 함평의 청정 이미지를 높여나갈 것이다. 또 애니메이션과 캐릭터 상품 등 다양한 버전으로 다시 태어나 세계인의 가슴에 '꿈의 마을' 함평을 각인시킬 것이다.

함평의 진화는 지금 이 시간에도 계속된다. 창조적인 발상의 힘이다. 생각을 바꾸면 된다.

신지애,
함평을 딛고 세계로!

함평엔 세계 최고가 많다. 나비도 세계 최고, 국화도 세계 최고, 황금박쥐도 세계 최고다. 그중에서도 가장 뿌듯한 세계 최고는 미국 LPGA에서 활약하고 있는 프로골퍼 신지애 선수다. 사람들은 신지애 선수가 함평골프고등학교에서 기량을 갈고 닦았다는 사실을 잘 모른다. 세계 최고를 만드는 함평의 교육, 지난 12년 동안 무슨 일이 있었던 걸까?

우리나라 농촌 지자체들의 최대 고민은 인구 감소와 고령화 문제다. 젊은이들이 줄줄이 농촌을 떠나다 보니 어르신들만 덩그러니 남은 마을이 늘어나고 있다. 지금 농촌에서는 50~60대가 청년이고 아가씨다. 아기 울음소리도 가뭄에 콩 나듯 접할 뿐이다. 그렇다면 젊은이들이 떠나는 이유가 뭘까? 먹고사는 것보다 더 큰 원인은 아마도 자녀교육이지 싶다.

교육은 백년대계다. 공동체의 100년 후 미래가 교육에 달려 있다. 나비 축제가 명품브랜드로 자리매김하자 함평은 일약 우리나라 농촌의 역할 모델로 떠올랐다. 그러나 그것만으로 함평의 미래가 밝다고 이야기할 수는 없었다.

함평의 인구는 1965년 14만 2,000명을 정점으로 줄곧 내리막길을 걸어 현재는 4만 명을 밑돌고 있다. 함평 나비가 아무리 잘 나간들 주민들은 근심에 잠길 수밖에 없었다.

'우리마저 세상을 떠나면 아무도 남지 않을 텐데 나비 축제를 아무리 잘하면 뭐 하나?'

근본적인 대책마련이 시급했다. 아이들이 사라지자 초등학교와 중학교들이 잇달아 문을 닫았다. 군내 6개 고등학교도 초유의 미달 사태에 직면했다. 젊은 부모들이 떠나면서 학교가 존폐의 기로에 섰다. 교육현장이 흔들리니까 다시 아이들이 떠나는 악순환이 반복됐다.

이 악순환의 고리를 끊으려면 발상의 전환이 필요했다. '아이는 온 마을이 키운다'는 다짐을 해야 했다. 그리고 누구보다 군수인 나부터 솔선수범을 보여줘야 했다.

나는 1998년 지자체장 선거에 입후보하자마자 광주에서 초등학교를 다니던 딸과 아들을 함평으로 전학시켰다. 학부모 입장에서 농촌의 교육문제를 고민하고 싶었기 때문이다. 그러나 딸이 자라면서 상급학교 진학을 앞두자 갈등이 시작됐다.

딸은 광주에 있는 중학교에 가고 싶어 했다. 그래야 명문고와 명문대에 들어갈 수 있고 자신의 꿈을 펼칠 수 있다는 이유였다. 부모 입장에서 귀를 기울이지 않을 수 없는 주장.

그러나 나는 함평의 백년대계를 책임진 군수였다. 쓰러져가는 교육을 다시 일으켜 함평이 1백 년 후에도 창조적으로 발전할 수 있는 기반을 닦아야 했다. 내 자녀부터 대도시로 보내면 그 누구도 설득할 수 없게 된다는 절박한 심정이었다. 그런 의미에서 내 대답은 이미 정해져 있었다.

"여기서 다녀라."

예상대로 딸아이는 무척 상심했다.

"아빠 인생은 아빠 인생이고 내 인생은 내 인생이야!"

딸아이는 방문을 쾅 닫고 들어가 버렸다. 나도 아버지다. 어린 마음이지만 서열 위주의 우리나라 교육현실에서 자신의 미래를 염려하는 걸 왜 모를까? 그러나 내가 할 수 있는 일은 딸아이를 껴안아 주는 것밖에 없었다.

"언젠가는 아빠를 이해할 날이 올 것이다."

딸아이는 엉엉 울기만 했다.

물론 내 마음도 아팠다. 눈에 넣어도 아프지 않은 딸이다. 무슨 소원인들 들어주고 싶지 않을까? 마음속으로 피눈물을 흘리며 생각했다.

'나도 함평에서 초중고를 나왔지만 지금까지 보람차게 살고 있다. 도시학교는 도시학교의 장점이 있고 시골학교는 시골학교의 장점이 있다. 그걸 찾아주면 된다. 현재로서는 그게 딸아이를 위한 최선의 길이다.'

시골은 소문이 빠르다. 군수가 자신의 딸을 함평의 중학교에 보내기로 했다는 소식에 자녀를 둔 젊은 부모들이 동요하기 시작했다. 도시 학교를 염두에 두고 진학지도를 하던 선생님들도 다시 한 번 생각을 하게 됐다. 일단 분위기는 잡은 셈이다.

나는 공무원과 학교 관계자들을 모아놓고 머리를 맞댔다. 다른 지역의 상황은 어떤지도 살펴봤다. 어떤 지자체에선 농촌지역 고등학교에 수억 원씩 예산을 지원하고 있었다. 그걸로 기숙사도 만들고 좋은 선생님도 데려와 학생들을 명문대에 많이 보내라는 것. 장학금으로 인근 지역 우수학생들도 유치할 수 있었다. 대학진학 실적을 얼마든지 높일 수 있다.

나는 일단 고등학교 교육이 농촌교육 문제의 실마리라는 건 인정했다. 어찌됐든 우리나라 사람들은 명문대 진학에 인생이 걸려 있다고 생각한다. 따라서 대학을 준비하는 고등학교 교육에서 실마리를 풀지 못하면 교육문제도 인구문제도 해결할 수 없다. 그러나 교육문제를 다루는 데 가장 비교육적인 방법을 쓰는 게 마음에 걸렸다.

이때 함평실업고등학교에서 교편을 잡고 있던 친형님이 찾아왔다. 함평실업고등학교의 전신은 함평농업고등학교로 내 모교이기도 했다. 1984년 LA올림픽에서 금메달을 딴 김원기 선수가 우리 학교 출신이었다. 하지만 당시엔 레슬링 말고는 내세울 게 없는 학교, 입학생이 줄어 언제 문을 닫을지 모르는 학교로 전락해 있었다.

형님은 사고뭉치였던 나를 바른 길로 이끌어준 분이다. 내 인생의 스승과도 같은 존재였다. 그런 형님이 이번엔 내 모교가 나아가야 할 길을 고민하고 있었다. 둘이서 마주앉아 학교의 진로에 대해 의견을 주고받았다. 함평 안에서만 활로를 찾지 말고 나비 축제처럼 전국을 대상으로 하는 방안을 모색하자고 뜻을 모았다.

형님은 얼마 전 다녀온 제주도 이야기를 꺼냈다. 제주도엔 골프장이 많은데 경관을 조성하고, 잔디를 관리하고, 기계를 다루는 게 농사짓는 것과 흡사하다는 것. 때마침 나도 축제와 어우러지는 휴양 레저 도시를 만들기 위해 골프장에 관심이 많을 때였다. 형제는 그 자리에서 의기투합했다. 대한민국 어디에도 없는 골프고등학교를 함평에 만들기로 말이다.

형님은 교과과정을 맡았다. 농업고등학교의 조경과목을 응용한 골프관리과와 농기계과목을 응용한 골프산업기계과를 골자로 해서 골프 관련 업체에 취업할 수 있는 다양한 교과과정을 준비했다. 나는 전국의 골프장을 대상으로 수요조사에 나섰다. 골프장 경영자들은 골프고등학교를 만든다는 소식에 전문 인력 확보의 어려움을 털어놓으며 기뻐했다.

수요조사를 하다 보니 쏠쏠한 아이디어도 들어왔다. 우리나라도 이제는 어릴 때부터 체계적으로 골프선수를 길러야 한다는 의견이 마음을 흔들었다. 당장 교과과정에 골프선수와 전문코치를 육성하는 과목들을 포함시키고 특성화고등학교 지정을 신청했다.

블루오션은 원래 싸움으로 시작하는 건가 보다. 이번에도 반대여론이 고개를 들었다. 농업고등학교의 전통을 자랑스럽게 여기는 어르신들이 들고 일어났다. 다른 건 몰라도 학교 이름을 바꾸는 건 용납할 수 없다고 했다. 나 역시 동문인지라 그 심정을 충분히 이해할 수 있었다. 그러나 전국을 대상으로 학생을 모집하려면 교명 변경은 불가피했다.

　　2001년에 특성화고교 지정하고 2002년에 학교명 변경까지 일사천리로 마쳤다. 함평골프고등학교라는 이름으로 학생을 모집하자 마치 거짓말처럼 전국에서 입학문의가 쇄도했다. 미달 걱정은 훌훌 털어내고 인재를 가려 뽑을 수 있게 된 것이다.

그중 한 사람이 바로 미국 LPGA의 역사를 새로 써나가는 자랑스러운 이름, 신지애였다. 신지애는 초등학교 5학년 때 골프를 처음 시작했다. 신지애는 넉넉지 않은 가정 형편 때문에 레슨조차 제대로 받을 수 없었다. 게다가 중학교 3학년 때는 어머니마저 교통사고로 잃었다. 한창 감수성이 예민한 나이에 견디기 힘든 충격을 받은 것이다.

그러나 신지애는 어려운 환경과 어머니를 여읜 아픔에도 불구하고 어금니를 깨물었다. 그리고 마침내 2004년 함평골프고등학교에 입학하면서 자신의 골프재능을 꽃피웠다. 신지애는 2006년 고교 3학년 때 한국무대를 평정했다. 졸업 후 미국 LPGA에 진출하며 세계적인 스타로 우뚝 섰다.

2008년엔 메이저 대회인 브리티시 오픈을 제패했다. 2009년엔 LPGA 신인왕, 상금왕, 다승왕 등 3관왕을 휩쓸었다. 물론 최연소 기록이었다.

신지애가 기념비적인 활약을 펼치자 후배들도 고무됐다. 매일 아침 학교 건물 벽에 그려진 신지애의 대형사진을 보면서 연습에 열중하고 있다. 꿈이 대물림 되는 학교! 가장 이상적인 교육모델이 함평 땅에서 실현되고 있다.

함평골프고등학교에서 일기 시작한 변화의 기운은 빠른 속도로 퍼져나갔다. 함평에는 6개 고등학교가 있다. 인문계가 4개, 실업계가 2개다. 실업계 고등학교인 월야종합고등학교는 최근 전남보건고등학교로 이름을 바꾸고 의료 전문 인력 양성에 나섰다. 그 덕분에 만성 미달에 허덕이던 학교가 이제는 거문도에서도 지원하러 오는 등 2:1의 경쟁률을 뚫어야 들어갈 수 있는 귀하신 몸이 됐다. 그중에서도 의료전자과와 보건간호과는 하도 인기가 높아 군수인 내가 생전 안 받던 입학청탁에 시달리게 만들었다.

인문계 고등학교들도 교육경쟁력을 높이기 위해 발 빠르게 움직였다. CEO 출신의 교장선생님을 영입했고 명문고의 교과과정을 벤치마킹했다. 또한 명사초청 강연회로 학생들의 가슴에 꿈을 심어줬다. 교육의 질이 높아지자 교육부 선정 우수고교로 뽑혀 수십억 원을 지원받는 학교도 생겨났다. 명문대 진학생도 늘어났다. 일명 SKY라는 서울대, 연세대, 고려대 합격생 숫자가 4~5배 증가했다.

자연스레 함평의 젊은 학부모들과 어린 학생들도 심경의 변화를 일으켰다. 굳이 부모와 떨어져 대도시에서 공부할 필요가 없어진 것이다. 적성에 맞는 학교를 찾든 명문대 진학을 목표로 하든 함평에서 해결이 가능해졌다. 오히려 다른 지역 학생들이 우수한 교육 여건을 보고 함평을 찾아오는 시절이니 말이다. 더 지켜봐야 하겠지만 모래시계처럼 술술 새나가던 인구유출 현상도 둔화되고 있다.

딸아이도 고등학생이 되자 아빠 마음을 이해해주었다. 시골에서의 학창생활도 만족스러워 했다. 천혜의 자연환경을 도시에서는 누릴 수 없는 축복으로 여겼다. 도시 아이들처럼 밤새워 공부하는 대신 책도 많이 읽고 글도 틈틈이 썼다. 그리고 재작년에 본인이 원하는 대학에 당당하게 들어갔다. 아들 녀석은 딸아이와 또 달랐다. 이 녀석은 꼬맹이 시절부터 공부보다는 자기가 하고 싶은 일을 찾아다녔다. 언젠가부터 녀석의 마음을 사로잡은 것은 요리였다. 함평의 어느 식당에서 쭈그리고 앉아 감자를 다듬는 모습을 볼 때면 어릴 적 내 모습을 보는 것 같아 웃음이 난다.

아이들은 저마다 타고난 소질이 있다. 참된 교육은 저마다 타고난 소질을 계발하고 키워서 자기가 원하는 일을 스스로 그려나갈 수 있도록 돕는 게 아닐까 싶다. 그것이 바로 세계 최고를 만드는 함평의 창조교육이다.

그나저나 기왕에 특성화 하는 김에 식육고등학교도 하나쯤 생겼으면 좋겠다. 함평은 한우고기가 맛있기로 소문난 고장이다. 그 덕분에 2008년에는 국가로부터 한우산업특구로 지정을 받기도 했다. 그런데 고기란 게 결대로 써느냐 아니냐에 따라 맛이 확연히 달라진다. 고등학생뿐 아니라 성인도 입학해서 자격증을 딸 수 있도록 하면 졸업생들이 함평천지 한우의 홍보대사 노릇을 할 게 아닌가.

세계 최고의
나비곤충 창조도시

내가 처음 부임했을 때 '함평천지'는 '없는 것 천지'였다. 오죽하면 읍면을 통틀어도 4차선 도로 하나 없었을까. 그런 고장이 지금은 도로가 시원스레 뚫리고 고층건물들이 올라가며 변하고 있다. 상상도 할 수 없던 변화가 밀려온 것이다.

그래서인지 오랜만에 고향을 찾는 옛 주민들은 이구동성으로 이야기한다.

"자고 일어났더니 뽕나무밭이 바다가 된 것 같다."
"마치 지도를 바꿔나가는 분위기다."

지금의 함평은 살아 꿈틀거리는 생물 같다. 스스로 뭔가를 찾고 세우고 만들어 나간다.

그러나 함평의 진정한 변화는 양과 규모에 있지 않다. 거리 곳곳에 나비와 곤충을 모티프로 한 쉼터 문화공간이 들어서고 있다. 함평초등학교 입구에도 미관을 해치던 건물들을 헐어낸 다음 피라미드 모양의 분수대를 설치하고 무당벌레 등 곤충문양을 붙여 공원을 조성했다. 오가는 아이들의 푸른 꿈을 가꿔주자는 취지다.

가로등, 다리난간, 담장도 나비다. 이불, 도배지, 컵도 온통 나비다. 장자의 '호접지몽胡蝶之夢'처럼 내가 나비인지, 나비가 나인지 가늠키 어려운 꿈꾸는 세상이 우리 앞에 펼쳐지고 있다. 주민들 스스로 한 폭의 「몽유도원도」를 함평 땅에 그리는 셈.

변화의 방향은 분명하다. 이제 함평의 목표는 대한민국 제일이 아니다. '세계 최고의 나비곤충 창조도시'를 실현하는 것이다. 2008년 봄에 열린 세계 나비 곤충 엑스포는 그 꿈을 이루기 위한 큰 발걸음이었다.

'거안사위居安思危'라는 말이 있다. 잘 나갈수록 어려울 때를 대비하라는 뜻이다. 우리는 나비 축제가 1등 축제로 자리 잡는 순간 이미 세계로의 비상을 꿈꾸고 있었다. 나비와 곤충을 주제로 세계 최초의 친환경 엑스포를 치러내겠다는 다부진 포부를 품었던 것. 우선 정부의 개최승인을 받아야 했기에 문턱이 닳도록 중앙부처를 드나들며 설득했다.

"나비 가지고 엑스포가 되겠어요?"

"프랑스 사람들은 브래지어로도 엑스포를 하는데 왜 못한단 말입니까?"

"관광객들이 묵을 5성급 호텔 하나 없잖아요?"

"호텔 같은 거 다 짓고 언제 엑스포를 치릅니까?"

나는 일본의 예를 들었다. 도쿄 북서부에 위치한 토가촌利賀村은 인구 1,000명도 안 되는 조그마한 산골 마을이었다. 그러나 1983년 세계연극제를 개최하면서 일약 전 세계의 주목을 받았다. 후속 아이템은 지역의 특산품인 메밀이었다. 1992년 처음 열린 세계메밀박람회는 13만 명 이상의 관광객을 산골마을로 끌어들였다. 해외 8개국과 일본 내 38개 자치단체가 참여한 것이다.

엑스포는 양이나 규모가 아닌 창조정신으로 치러야 한다. 게다가 함평은 이미 나비 축제를 통해 무에서 유를 창조한 경험을 갖고 있었다. 나비와 곤충은 세계 어디서나 만나볼 수 있는 친숙한 아이템이다. 바이오 등과 연계하면 신 성장 산업으로서의 가치도 차고 넘친다. 엑스포를 치르지 못할 이유가 없었다.

2005년 1월 드디어 국무총리실로부터 만장일치로 국제행사 개최승인을 받아냈다. 우리는 전국의 광역시도 시군구를 직접 누비면서 홍보활동을 펼쳤다. 어르신들은 갓과 도포 차림으로 사람들의 시선을 모았다. 나는 지자체장을 찾아다니며 손을 꼭 잡고 협조를 요청했다. 이왕 온 김에 특강 좀 해달라고 하면 무료로 단상에 서기도 했다.

독일 폭스바겐사의 뉴비틀을 들여와 홍보에 활용하기도 했다. 이 일은 당시 포털사이트에서 댓글 수천 개가 달릴 정도로 논란에 휩싸였다. '나라 경제가 어려운 때 자치단체가 외제차 구입에 앞장선 것은 문제'라는 지적도 많았다. 하지만 '뉴비틀이 고급 차량은 아닌 만큼 고정관념을 깬 신선한 홍보'라는 지지 의견도 만만치 않았다.

뉴비틀은 차 모양이 딱정벌레를 닮아 일명 '딱정벌레차'로 불린다. 세계 나비 곤충 엑스포의 주제와 맞아 떨어진다. 또 구입과 도색 비용 3,300만 원도 전액 우수 자치단체 상금으로 충당한 것이다. 명분이나 비용 모두 거리낄 게 없었다. 떳떳했기에 논란 역시 반갑기만 했다. 노이즈마케팅도 때로는 훌륭한 홍보 전략이 아닌가?

나비 홍보대사들의 활약 역시 기대 이상이었다. 특히 중화권 홍보대사로 위촉된 중국 영화배우 천하오陳好는 100점 만점에 120점을 주고 싶을 만큼 인상적인 활동을 펼쳤다. 중국에서 가장 사랑받는 배우 중 한 사람인 그녀가 엑스포 홍보에 팔을 걷어붙인 것은 나비가 중국에서도 얼마든지 통한다는 사실을 증명한다. 실제로 그녀의 홍보활동이 중국국영 CCTV에 방영되자 세계 나비 곤충 엑스포에 대한 중국인들의 관심이 고조되기도 했다.

직원들은 크고 작은 모임을 일일이 쫓아다니면서 엑스포 티켓판매에 열을 올렸다. 나비 축제를 준비하면서 겪었던 애환들이 때로는 슬픈 발라드가 되고 때로는 흥겨운 트로트가 돼 좌중의 마음을 쥐락펴락 움직였다. 그렇게 열띤 홍보활동 덕분인지 1만 5,000원짜리 예매입장권 70만 장이 엑스포가 시작하기도 전에 동이 나 버렸다.

2008년 4월 17일 드디어 신비한 나비와 곤충의 나라로 떠나는 45일간의 상상여행, 세계 나비 곤충 엑스포가 화려한 막을 올렸다. 사전 홍보활동의 반응을 보고 예상을 하긴 했지만 과연 대박이었다. 어린이날이었던 5월 5일 하루에만 엑스포를 찾은 관람객 수가 6만 5,000명이었다. 국내 최대의 놀이공원인 에버랜드보다 5,000명이나 많았다. 시골에서 열린 행사가 어린이날의 단골메뉴를 뛰어넘어버린 것이다.

연휴기간 중이던 5월 11일에는 8만 6,500명의 최대인파가 운집했다. 주차장을 거쳐 간 버스 숫자만 900여 대. 그것만으로도 구경거리가 될 만큼 장관이었다. 나비곤충표본관과 국제나비생태관은 밀려드는 인파로 관람 동선을 조정하느라 애를 먹었다. 다채로운 전시행사, 재미있는 체험행사, 갖가지 꽃으로 꾸며진 이국적인 경관……. 10년 동안 피땀 흘리며 일군 나비축제 노하우는 관람객의 뜨거운 호응을 끌어내기에 충분했다.

노무현 전 대통령을 비롯해 정계, 관계, 재계, 종교계, 문화예술계 등 주요 인사들의 방문도 줄을 이었다. 찬사가 쏟아졌다.

"조그만 도시가 10년 전부터 공공디자인에 관심을 가지고 창의혁신을 추구해왔다는 사실이 놀랍다."

오세훈 서울 시장이 말했다.

"비싼 돈 들여 해외행사 다닐 필요가 없다. 경기도가 벤치마킹해야 할 모든 것이 함평에 다 있다."

김문수 경기도 지사가 말했다.

곤충전문가들도 감탄사를 연발하기는 마찬가지. 국제곤충학회의 경우 '세계 어느 곳에서도 본 적 없는 곤충행사'라며 놀라움을 나타냈다. 한국곤충학회는 아예 사무실을 함평으로 옮겨버렸다. 세계 곤충연구의 메카로 입지를 다진 셈.

45일간 입장객수 126만 명에 외국인 관람객수 3만 명. 입장수입 93억 원은 1년 반치 군세에 해당하는 금액이다. 직간접수입, 생산유발효과, 소득유발효과를 합친 경제효과는 목포대학교 용역결과 무려 2,800억 원에 이르는 것으로 나타났다. 어느 누가 인구 4만 명도 안 되는 시골 지자체가 10년 전 맨주먹으로 시작해서 이뤄낸 성과라고 믿겠는가?

세계 나비 곤충 엑스포는 전 세계의 주목을 받았다. 그러자 중국에서는 자신들이 이 행사를 유치하고 싶다는 뜻을 전해오기도 했다. 우리나라엔 동계올림픽과 BIE 엑스포 같은 국제행사를 유치하기 위해 불철주야 땀 흘리는 지자체가 많다. 하지만 해외에서 행사를 유치하려는 것은 우리나라에서 함평이 유일하다.

함평은 한때 아무것도 없는 곳이라 불렸다. 그러나 지금은 모든 것이 가능한 곳으로 바뀌었다. 발상을 전환했고 특별한 것을 찾았고 무에서 유를 창조했고 끊임없이 진화했다. 그리고 세계를 향해 거침없이 나아가고 있다.

스위스 다보스는 인구 1만 2,000명의 산골 마을이다. 하지만 지구촌의 정치경제 지도자들이 집결하는 다보스포럼을 통해 세계 최고의 엘리트 도시가 됐다. 2010년 현재 함평의 인구는 3만 7,000명이다. 세계 최고의 나비곤충 창조도시를 꿈꾼다고 해도 이상할 것이 없다.

지식정보 사회의 경쟁력은 창조적 사고와 글로벌 마인드의 결합이다. 작은 것 하나를 만들더라도 남들과는 다른 사고로 접근하고 세계 최고를 목표로 갈고 닦아야 지구촌 경쟁에서 살아남을 수 있다.

나비 축제, 국향대전, 황금박쥐, 신지애까지. 함평이 남들 하는 대로 대충 묻어가겠다는 생각이었다면, 국내에서 적당히 자리매김 하겠다는 계산이었다면, 세계 최고는 고사하고 금방 역사의 뒤안길로 사라져 버렸을 것이다.

세계 최고의 나비곤충 창조도시! 그것은 돈의 힘으로 살 수 있는 것도 아니고 양이나 규모로 밀어붙인다고 성사되는 것도 아니다. 그냥 보지 않고 '주목'하고 흘려듣지 않고 '경청'하며 블루오션을 만들어냈다.

아주 작은 생각의 씨앗이 위대함의 기적을 창조한다.

미쳐라!

그러면 이룰 것이니

미친 열정에
가속페달을 밟아라

불광불급不狂不及이라는 말이 있다. 미치지狂 않으면 미치지及 못한다. 공부도 사랑도 사업도 미치지 않으면 온전히 이뤄낼 수 없다. 창조적인 성취 뒤에는 반드시 스스로도 주체할 수 없는 미친 열정이 깔려 있다.

MS의 창업자 빌 게이츠와 애플의 CEO 스티브 잡스도 그런 '광기와 열정'의 소유자였다. 빌 게이츠는 자신과 스티브 잡스를 묶어 '열광하는 사람fanatic'이라고 표현한 적도 있다. 그렇다면 무엇이 창조경영의 대가들을 열광시켰을까?

빌 게이츠의 유년시절로 찾아가보면 작지만 의미심장한 단서를 찾을 수 있다. 빌 게이츠의 부모는 아이에게 끊임없이 나가서 놀라고 권했다고 한다. 덕분에 소년 게이츠는 자신이 원하는 일, 좋아하는 일, 해야 할 일을 스스로 깨우치고 찾아나갔다. 오로지 자신의 일이기에 열광할 수 있었다.

나 역시 3선 군수를 지내면서 미쳤다는 소리를 수도 없이 들었다. 어떨 때는 내가 정말 미친 건 아닐까 하는 의구심이 들 때도 있었다. 하지만 이것이 나의 일이고 꼭 해야 한다고 믿었기에 미친 열정에 가속페달을 밟았다. 일단 내 일이라고 확신하면 미친 듯이 끝까지 밀고 나가는 스타일은 나의 성장기와 가정교육이 영향을 미쳤다.

나는 1958년 함평읍 장년리 장고산 마을의 가난한 집안 차남으로 태어났다. 우리 마을은 32가구가 모여 사는 작은 마을이었다. 나는 온 동네가 알아주는 개구쟁이였다. 하얀 빨래가 널려 있으면 닭똥을 발랐다. 호박이 눈에 띄면 구멍을 뚫거나 글씨를 썼다. 온 마을을 휩쓸고 다니면서 놀부 짓을 일삼은 것이다.

그런 나에게 할아버지와 아버지는 든든한 방패막이었다. 내가 밖에서 들어오자마자 사랑방 아랫목에 숨으면 할아버지는 우리 석형이가 또 일 저지르고 왔구나 하면서 너털웃음을 터뜨리셨다. 사촌 형과 친형이 내 버릇을 고치려고 대빗자루라도 들면 당신의 품 안에 쏙 집어넣고 변호해주셨다.

"석형이가 호기로운 게 집안을 일으킬 것이다."

할아버지는 내가 초등학교 다닐 때 돌아가셨다. 하지만 새 가장이 된 아버지 역시 다르지 않았다. 내가 사고를 쳐도 돌아오는 말씀은 단순했다.

"네 일은 네가 알아서 해라. 잘잘못도 스스로 판단해 봐라."

그땐 몰랐지만 후일 생각해보면 아버지의 가르침이 은연중에 주인의식과 판단력 그리고 리더십을 길러준 것 같다. 나는 천방지축으로 산과 들을 누비면서 시골의 정기를 마시고 감성과 상상력을 키워나갔다. 물론 공부는 열심히 안 했다. 그러나 이웃마을과 축구시합을 하면 항상 내가 대장이었다. 150호가 넘는 큰 마을과 30호에 불과한 작은 마을이 시합을 하면 결과는 뻔했다. 게임에 지고 돌아올 때마다 온 동네가 시끄러웠다. 나에게 기합을 받고 집에 돌아간 아이들은 하나같이 흙투성이였다. 이웃집 아주머니들이 열 받는 건 당연했다. 삼삼오오 우리 집으로 몰려와 목소리를 높였다.

"새끼 교육 좀 똑바로 시켜요."

그럴 때면 어머니는 한숨을 쉬며 나를 째려보셨다.

"어이구, 나쁜 놈."

중학교 졸업 후엔 1년 동안 학교를 쉬었다. 머리도 굵어지고 덩치도 커지자 싸움도 곧잘 하게 됐다. 마을 친구가 깡패에게 얻어터지고 돌아오면 쫓아가서 혼 내주는 건 내 몫이었다. 이웃마을에 놀러 갔던 친구들이 사기 민화투에 돈을 뺏기고 오면 쇠스랑을 들고 쳐들어가 화투판을 뒤집어엎었다.

자연스레 소문이 퍼졌다. 네다섯 살 많은 형들도 함부로 건들지 못했다. 내 딴엔 의협심으로 한 행동들이었지만 당하는 쪽에선 어떻게 되갚아줄까 이빨을 바득바득 갈 수밖에 없다.

큰일이 벌어진 건 고등학교 1학년 여름 무렵이었다. 이웃마을 소녀가 나에게 펜팔 편지를 보내왔다. 우리 마을은 30호에 불과한 작은 마을이다. 그래서 그동안 이웃마을 아이들한테 찍소리도 못했다. 그런데 그 이웃마을 아이들이 나 때문에 심사가 뒤틀린 것이다. 그걸 빌미 삼아 이웃마을 패거리들이 시비를 걸어왔다.

우리 집에 예닐곱 명이 찾아왔다. 분위기가 심상치 않았다. 싸움을 피하기가 어려워 보였다. 하지만 어르신들 계신 집에서 싸움을 벌일 수는 없어 저수지 쪽으로 자리를 옮겼다. 때마침 점심 먹고 풀을 베던 마을 친구들이 작대기를 짚은 채 싸움을 구경하고 있었다.

나를 자극할 심산인지 불청객들은 공연히 그 친구들의 뺨을 때렸다. 일대 다수의 싸움에선 기선제압이 중요하다. 나는 친구들의 작대기를 뺏어 그중 한 녀석을 힘껏 후려쳤다. 한 명이 고꾸라지자 싸움에 불이 붙었다.

근처에서 밭을 매던 마을 아주머니들이 소리를 지르며 저수지 쪽으로 몰려왔다. 나는 방향을 틀어 논 쪽으로 달려가 냅다 뛰어내렸다. 10미터 높이였지만 지형에 익숙한 나에겐 문제가 되지 않았다. 반면 아무런 준비 없이 떨어진 불청객들은 부상을 피할 수 없었다.

싸움은 그렇게 싱겁게 끝났다. 그러나 그날 밤이 되자 사건은 걷잡을 수 없이 커졌다. 이웃마을에서 유명한 깡패들을 불러 모아 다시 쳐들어온 것이다. 순간 일이 더 커져서는 안 된다고 판단했다. 나는 마당에서 저녁을 먹다 말고 그 길로 담장을 넘어 동네 파출소로 뛰어가 경찰을 데려왔다. 깡패들은 여전히 집을 에워싼 채 입에 담을 수 없는 욕을 퍼붓고 있었다.

갑자기 친형님이 벌떡 일어났다.

"너희들, 내가 용서하지 않겠어."

형님은 우리 마을에서 배출한 최초의 대학생이었다. 그 자리에서 법에 호소하겠다며 진정서를 적어내려 갔다. 그러자 깡패들도 슬그머니 꽁무니를 뺐다.

길고 긴 하루는 그렇게 끝이 났다. 형님이 내게 다가오더니 알밤을 쥐어박았다.

"오늘 네가 한 일은 정당방위다. 하지만 너 언제까지 그렇게 살래? 저런 녀석들 계속 상대하다가는 너도 깡패밖에 안 돼."

형님 말이 다 맞았다. 며칠 동안 깊이 고민했다. 그리고 결심했다. 형님에게 도움을 청해 공부의 기초를 쌓기로 한 것이다. 형님은 행정고시 준비를 잠시 중단하고 여름방학 내내 내 곁을 지켰다. 성문기본영어 책을 펴놓고 구문론과 품사론을 차근차근 정리해줬다. 그때부터 형님은 나의 영원한 스승이 됐다.

그 해 여름이 지나자 더 넓은 세상이 보이기 시작했다. 2년 후 나는 함평농고를 졸업하고 전남대학교 농과대학에 입학했다. 마을 역사상 세 번째 대학생이 된 것이다. 고향을 떠나는 완행버스 안에서 마음속으로 굳게 다짐했다.

'언젠가 다시 고향에 돌아올 것이다. 그때는 나 자신에게 떳떳한 모습으로 봉사하리라.'

'어차피' 안 된다고?
'오히려' 할 수 있어!

1998년 나는 20년 만에 고향으로 돌아왔다. 전남대 총학생장과 방송국 프로듀서를 거쳐 민선 2기 군수로 당선된 것이다. '나 자신에게 떳떳한 모습으로 봉사하리라'던 20년 전의 다짐이 새삼 솟구쳤다. 만 39세의 애송이 군수는 가슴이 부풀어 올랐다.

그러나 나는 고향 곳곳을 누비면서 주민들을 만나는 동안 거대한 벽과 마주치고 말았다. 그것은 체념이라는 이름의 장막이었다. 패배주의란 이름의 블랙홀이었다.

"어이, 군수양반. 너무 설치지 마시오. 어차피 해도 안 돼."
"공연히 일 벌이다간 욕먹어. 가만히 있으면 중간이나 가지."

그랬다. 삼무의 땅이라는 어두운 그림자는 도처에 드리워져 있었다. 한여름인데도 사람들의 마음은 꽁꽁 얼어붙어 있었다. 30대의 젊은 군수를 앞에 두고 해도 안 된다느니 중간이나 가라느니 했다. 함평 땅엔 열정의 유전자라는 게 씨가 말라버린 걸까?

어떤 이는 나주나 무안과 합칠 방법을 찾아보라고 조언했다. '함평'이라는 이름은 사람들에게 더 이상 존재 이유가 없었다. 그래서 얼른 다른 간판으로 바꿔야 할 청산의 대상쯤으로 거론되고 있었다.

함평이 처음부터 이랬던가? 함평은 예로부터 살기 좋은 곳으로 이름이 높았다. 하늘과 땅만큼 너른 들을 갈무리한다고 해서 '함평천지'라고도 불렸다. 호남의 여러 고장을 노래하는 남도소리 「호남가」에도 '함평천지'가 첫머리를 장식한다. 한 마디로 호남 1번지였던 것.
물론 1960년대 이후 도시화와 산업화의 영향으로 인구도 줄어들었고 농사 말고는 내세울 만한 자원이 없다 보니 발전이 더뎠던 것도 사실이다. 그러나 함평 사람 특유의 근성은 열악한 여건 속에서도 면면히 이어져왔다. 1970년대 함평고구마사건만 봐도 알 수 있다.

1976년 농협이 고구마 계약재배를 시켜놓고 수확기에 수매약속을 지키지 않자 함평농민들은 즉각 피해 보상 투쟁에 나섰다. 농협의 회유와 경찰의 곤봉에도 굴하지 않고 1978년까지 줄기차게 투쟁을 벌이더니 마침내 당초 요구액대로 보상을 받아내고 말았다.
함평고구마투쟁은 군사독재 치하에서 농민들이 정부와 싸워 이긴 최초의 사건이었다. 이 투쟁 과정에서 감사원은 농협이 고구마 수매자금 80억 원을 부정 유출시켰다는 사실을 밝혀냈고 관련자 658명이 쫓겨나거나 징계를 받았다. 그래서 『신동아』 1988년 1월호는 함평고구마투쟁을 '현대한국을 뒤흔든 60대 사건'에 포함시키기도 했다.

　　　대한민국을 뒤흔든 함평의 근성과 기개부터 되찾아야 했다. 식어버린 열정에 다시 불을 지펴야 했다. 곧장 군청 전체 회의를 소집했다.

"이제 우리 함평은 해도 안 된다는 체념을 벗어던져야 합니다. 중간이나 가자는 적당주의를 깨부숴야 합니다. 저는 군수실에 앉아 결재나 하는 군수가 되고 싶지 않습니다. 제가 앞장서겠습니다. 여러분이 함께 해주십시오. 우리가 변화의 출발점이 돼야 합니다."

나의 절박한 호소에도 불구하고 회의장 안에는 무거운 침묵이 흘렀다. 어떤 이는 창문 너머 먼 산을 바라보고 있었고, 어떤 이는 나지막한 목소리로 잡담을 나누고 있었다. 썰렁한 분위기가 마치 '너 혼자 하세요.' 하고 비아냥거리는 것 같았다.

공무원은 흔히 '철밥통'에 비유된다. 대충 일과시간을 채워도 봉급이 나오고 특별한 사고를 치지 않는 한 정년이 보장된다. 그들이 보기에 군수는 용품이고 자기들은 비품이다. 4년 후에 또 다른 놈으로 바뀔 텐데 굳이 무리수를 둘 이유가 없다.

더군다나 함평군청 공무원들은 절반 이상이 토박이였다. 군내 돌아가는 사정을 누구보다 잘 알고 있었다. 벼농사밖에 내세울 게 없는 지자체에선 무슨 일을 해도 티가 나지 않는다. 주민들 말마따나 공연히 설치다간 감사나 받기 십상이다.

하지만 내게는 이 공무원들이 유일한 희망이었다. 함평의 변화를 이끌어갈 동반자였다. 변화의 바람을 혼자서 일으킬 수는 없기 때문이다. 군청 곳곳에서 쑥덕쑥덕 '뒷담화'에 열중하는 이 사람들부터 긍정적이고 적극적인 사고로 바꿔야 했다. 그때 한 가지 아이디어가 떠올랐다.

"여러분, 이제부터 '어차피'라는 낱말은 절대로 입에 담지 마십시오. 대신 '오히려'라는 단어를 하루에 열 번씩 사용하십시오. 군청 안에서든 밖에서든 그렇게 하겠다고 약속해 주십시오. 이것은 명령입니다."

'어차피'는 체념이 묻어나는 낱말인 반면 '오히려'는 희망이 느껴지는 단어다. '어차피'는 '안 돼'가 한 세트이지만 '오히려'는 '할 수 있어'로 연결된다. 부정적인 말을 내뱉으면 자신감이 없어진다. 그러나 긍정적인 말을 하면 긍정의 힘이 솟구친다.

군청이 술렁이기 시작했다. 처음엔 군수를 조롱하기 위해 따라해 본 말이 신기하게도 생각을 바꾸기 시작했다. 무심코 지나치던 것들이 '오히려' 한 마디에 뭔가 빛나 보였다. 안 된다고 생각했던 것들이 '오히려' 한 마디에 해볼 만하게 여겨졌다.

'오히려'를 썼더니 아무것도 없는 함평도 모든 것이 가능한 함평으로 보였다. 개발이 더딘 낙후지역 함평도 천혜의 자연환경을 지닌 함평으로 여겨졌다.

'무창포 전국 최대 재배지 함평'이라는 신문의 오보에도 당황하지 않았다. '오히려' 이참에 무창포를 심어보자는 제안을 내놨다. 즉시 제주도에서 무창포를 공수해 옮겨 심고 창포산업을 본격적으로 육성하기 시작했다. '오히려'란 생각이 실수를 기회로 바꾼 사례다.

무뚝뚝하던 직원들의 얼굴이 단체로 화장을 한 듯 밝게 피어올랐다. 사무실마다 웃음소리가 흘렀다. 오가는 발걸음도 활기가 넘쳤다. 생각이 바뀌니 아이디어도 풍부해졌다. 군청을 가득 채운 긍정의 에너지는 담장을 넘어 스멀스멀 인근지역으로 번져나갔다.

나는 변화의 바람을 감지하고 곧바로 후속 조치를 취했다. 금빛 봉투에 카드를 넣어 직원들에게 돌렸다. 카드에는 이렇게 적혀 있었다.

떠나가 버린 당신의 과거에 깊은 애도를 표합니다. 당신은 이제부터 완전히 새로운 사람입니다. 다시 태어난 당신이 만들어갈 함평의 벅찬 미래를 기대하겠습니다.

1992년 미국 대통령 선거유세에서 클린턴은 자신을 '새로운 민주당원'이라고 지칭했다. 직전까지 민주당원들은 공화당에 연전연패 당하는 바람에 패배의식에 사로잡혀 있었다. '새로운 민주당원' 구호는 그들에게 새롭고 긍정적인 사고방식을 지향하라는 메시지로 다가갔다. 마침내 그 해 대통령선거에서 클린턴은 정권교체의 꿈을 실현했다.

내가 직원들에게 띄운 카드도 '새 사람으로 거듭나라'는 메시지였다. 그리고 떡 본 김에 제사 지낸다고 '여러분은 이제부터 내 사람'이라는 군수의 열렬한 프로포즈이기도 했다. 직원들의 가슴이 방망이질 하듯 두근두근 뛰기 시작했다.

함평의 기적을 일굴 '열정의 전령사'들이 탄생하는 순간이었다.

최고의 놀이동산
에버랜드와
맞장을 떠버리자

체념만 극복하면 다 되는 줄 알았다. 그랬더니 이번엔 적당주의가 길을 가로막았다. 함평을 전국 최고로 만들 아이템을 찾았지만 메밀 축제나 유채꽃 축제처럼 고만고만한 것들밖에 나오지 않았다.

그나마 직원들이 함평천으로 출근하다시피하며 심어놓은 메밀은 태풍에 쓸려가 버렸다. 유채꽃은 농촌다운 것이긴 하나 함평스럽진 않았다. 이미 제주도가 선점하는 아이템으로 전국 최고가 된다는 것은 낙타가 바늘구멍을 통과하는 것보다 어려워 보였다.

"이런 식으로 적당히 중간을 찾아가서는 곤란합니다. 매뉴얼을 따라가는 것으론 최고가 될 수 없습니다. 여러분이 고생해서 일군 유채꽃밭은 어떤 축제를 하든 써먹을 수 있습니다. 대신 가장 농촌다운 것, 가장 함평스러운 아이템을 찾아내 주십시오."

결국 우리는 청정 이미지에 동화적 감성을 지닌 나비를 상징물로 삼았다. 나비는 최고가 아니면 시작도 하지 않겠다는 근성과 집념의 선택이었다.

　　하지만 나비 축제는 기획 단계부터 진통을 겪었다. 함평만의 특별한 것이라야 최고가 될 수 있다고? 깨끗한 환경과 동화의 세계가 녹아 있어야 한다고? 말처럼 쉽지가 않았다. 그 누구도 시도해본 적 없는 블루오션이 아닌가?

일단 다른 지역의 축제를 살펴보면서 차별화시킬 수 있는 게 무엇인지 찾아야 했다. 당시만 해도 우리나라의 축제는 천편일률적인 프로그램으로 진행했다.

결국은 콘텐츠였다. 함평만의 특색이 담기고 농촌을 느낄 수 있는 콘텐츠 말이다. 그런 콘텐츠를 전문 기획사에 맡길 수는 없었다. 비록 아마추어일 망정 우리 스스로 콘텐츠를 만드는 게 좋을 것 같다는 결론이 내려졌다.

"지역축제가 대동소이해진 이유도 따지고 보면 전문 기획사에 의존하기 때문 아닐까요?"

"농촌에서 자라고 함평에서 잔뼈가 굵은 우리가 가장 잘 압니다. 우리가 직접 하지요."

연일 아이디어 회의가 소집됐다. 처음엔 다른 축제처럼 틀에 박힌 프로그램들이 쏟아져 나왔다. 나비아가씨 선발대회, 노래자랑, 풍선 날리기 등이었다. 축제에 대한 고정관념이 참신한 아이디어를 떠올리지 못하도록 방해전파를 쏘는 것 같았다.

다시 원점으로 돌아갔다. 왜 우리가 나비 축제를 하는지 고민했다. 손님들이 원하는 것이 무엇인지도 생각했다. 답은 분명했다. 도시 아이들이 동화

책 속에서나 만나볼 수 있는 것, 부모들이 아련한 기억 저편에 간직하고 있는 것, 그것은 바로 있는 그대로의 우리 모습이었다.

함평의 일상에 담겨 있는 작고 평범한 것들이 눈에 밟히기 시작했다. 돼지 몰기와 미꾸라지 잡기를 직접 체험하게 해주자는 의견이 나왔다. 고구마, 콩, 밤을 손수 구워먹게 해주자는 아이디어도 나왔다. 평소 무심코 지나치던 것들이 나비 축제 프로그램으로 변신했다.

회의 분위기도 달아올랐다. 어릴 때 집에서 키우던 한우 이야기며 호박 서리를 하다가 혼난 이야기가 화제에 올랐다.

회의가 마치 축제인 양 흥겨워졌다. 콘텐츠도 늘어나고 자신감이 붙자 직원들이 겁을 상실했다.

다른 축제 눈치 보지 말고 입장료를 받자고 했다. 어린이날에 에버랜드와 맞장을 떠버리자고도 했다. 에버랜드가 어떤 곳인가? 우리나라 최고의 놀이동산 아닌가? 에버랜드와 맞장을 떠서 이기면 그게 진정한 최고인 것이다.

그랬다. 직원들은 어느새 최고를 열망하고 있었다. 콘텐츠만 차별화시키면 충분히 가능하다고 믿었다.

직원들이 이렇게 자신감을 가졌던 데는 나름의 근거가 있었다.

1999년 2월 제1회 나비 축제가 열리기 석 달 전에 발행된 군정소식엔 축제 준비 상황에 대한 기사가 실렸다.

그중에서 프로그램을 보면 나비 관련 행사를 중심으로 향토가축체험장과 나비도예학습장 등 체험프로그램들이 빼곡히 차 있었다. 다른 축제에선 볼 수 없는 콘텐츠들이었다. 직접 해보고 느끼고 만질 수 있었다. 아이들에겐 오래도록 잊지 못할 추억이 될 것이다.

특히 향토가축몰기는 1회부터 11회 축제까지 면면히 이어져온 장수 프로그램이다. 2009년 축제에 왔던 어느 엄마가 인터넷 게시판에 후기를 올렸다. "아들이 2박3일 동안 이야기하고 있는 '토끼-돼지 잡기' 정말 재미있었어요. 미열이 있던 애가 토끼를 두 마리나 잡고서 얼마나 자랑스러워하는지 입만 열면 그 이야기입니다."

아이들이 얼마나 좋아하는지 생생하게 느껴진다.

이런 프로그램들이 있었기에 나비 축제가 다른 지역과 확실히 다르다는 평가를 받을 수 있었다. 함평이 창조적 콘텐츠의 메카로 떠오른 것이다. 비결은 간단했다. '평범함 속의 특별함'을 꿰뚫어본 결과다.

사람들은 욕조에 몸을 담그면서도 수면이 높아지는 것을 대수롭게 여기지 않았다. 그걸 보고 물질의 비중이 배수량과 관련이 있다는 것을 알아낸 사람이 고대 그리스의 과학자 아르키메데스였다. 사람들은 사과나무 옆에 앉아 있으면서도 사과가 왜 땅으로 떨어지는지 관심이 없었다. 그걸 보고 지구에 인력이 작용하고 있다는 사실을 밝혀낸 사람이 바로 물리학자 뉴턴이었다.

'평범함 속의 특별함'을 발견하는 일은 과학자만의 특권이 아니다.

러시아 출신의 미국 음악가 이고르 스트라빈스키는 다음과 같이 말했다.

"진정한 창조자는 가장 평범하고 비루한 것들에서도 주목할 만한 가치를 찾아낸다."

프랑스 태생의 미국 화가 마르셀 뒤샹은 다음과 같이 말했다.

"당신이 가장 생각하지 않는 것들에 대해 가장 많이 생각하라."

과학과 예술의 거장들은 이처럼 아무리 평범한 것이라도 무심코 보거나 흘려서 듣지 않았다. 주목했고 경청했고 뒤집어 생각했다. 그런 자세가 위대한 과학적 발견이나 세기의 예술작품으로 이어졌음은 물론이다.

과학이나 예술처럼 창조적 콘텐츠를 만드는 일도 '평범함 속의 특별함'을 찾는 과정이다. 아르키메데스가 목욕하다가 '유레카!'를 외쳤던 것처럼 일상의 평범함 속에서 '심봤다!'를 외칠 준비가 돼 있어야 한다. 제1회 나비축제를 준비하는 함평이 그랬다. 물론 모르는 사람이 보면 미쳤다고 생각할지도 모르겠지만.

비바람을 겪어야
무지개를 볼 수 있다

나비 축제 준비가 첫걸음을 떼자 고난의 행군도 함께 시작됐다. 무에서 유를 창조하는 길은 시련의 연속이었다. 마치 고등학교 때 읽었던 헤르만 헤세의 소설 『데미안』에 나오는 '아프락사스'를 떠올리게 만든다.

> 새는 알을 깨고 나온다.
> 알은 곧 세계다.
> 태어나려는 자는 한 세계를 파괴하지 않으면 안 된다.
> 새는 신에게로 날아간다.
> 그 신의 이름은 아프락사스다.

새가 알을 깨고 나오는 과정은 처절하다. 하지만 그 창조적 파괴의 과정이 없다면 새는 날개 한 번 펴보지 못하고 알에 갇혀서 고사하고 만다. 나비 축제의 출발선 상에 선 우리가 그러했다.

우여곡절 끝에 출발선엔 섰지만 어디로 가야 할지 막막했다. 뿌연 안개 속에 덩그러니 내동댕이쳐진 기분이랄까? 주민들은 비싼 세금 가지고 허튼 짓 한다며 나무랐다. 설상가상으로 예산권을 쥐고 있는 군 의회는 나비 축제의 승인을 완강하게 거부했다.

군 의원 한 사람 한 사람을 찾아다니며 간곡하게 설득했다. 집으로 초대해 소주잔을 기울이며 흉금을 터놓고 이야기를 나눴다. 백 번 듣는 게 한 번 보는 것만 못 하다 싶어 부랴부랴 나비표본 전시회도 열었다. 의원들의 마음이 조금씩 움직이는 기미가 보였다. 나는 그 찰나의 순간을 비집고 비장한 각오를 밝혔다.

"딱 한 번만 믿어주십시오. 나비 축제가 실패하면 옷을 벗겠습니다."

배수의 진을 친 것이다. 의원들은 신출내기 군수의 예상치 못한 강단에 잠시 숙연해졌다. 이윽고 의원 대표가 다가와 손을 내밀었다.

"한 번 열심히 해보시오. 우리가 지원할 테니."

1차 관문은 뚫었지만 안개는 여전히 걷히지 않았다. 나비 축제의 관건인 나비가 수중에 없었기 때문이다. 반 년 후 봄에 축제를 열기로 했지만 그때까지 필요한 만큼의 나비를 부화시킬 수 있을지 가늠하기 어려웠다.

"6개월 안에 나비 수만 마리를 날릴 수 있을까요?"

전문가들마다 손사래를 쳤다. 나비는 수명이 짧고 바이러스에 약해서 대량 생산이 불가능하단다. 안 된다고 안 된다고 하니까 오히려 더욱 오기가 발동했다.

그때 '나비에 미친' 사람 하나가 머리를 스쳐 지나갔다. 정헌천은 나비에 청춘을 바친 친구였다. 그와 처음 만난 건 내가 방송국에서 나비 다큐멘터리를 찍을 무렵이다.

"나비는 살아서는 이벤트, 죽어서는 전시관"

그는 나비에 미쳐서 열변을 토하곤 했다. 그 모습이 무척 인상적이었다.

내가 연락할 즈음에도 그는 꿈을 포기하지 않고 있었다. 지자체를 쫓아다니면서 나비 사업의 전망을 설득 중이었다. 내 전화를 받자 그는 뛸 듯이 기뻐했다. 우리 두 사람은 금방 의기투합했다. 그는 즉시 광주에서 짐을 꾸려 함평으로 내려왔다.

공무원들은 외부에서 사람을 들이는 것을 탐탁지 않게 생각한다. 나는 정헌천을 곤충연구소장으로 임명했다. 말들이 많았다. 그러나 내 의지는 확고했다. 정 소장은 곧 제대로 된 설비도 없는 온실에서 나비부화 준비에 착수했다.

2월이 되자 겨우 먹이와 온도 등 기본환경이 조성됐다. 그러나 남은 3개월 동안 나비 수만 마리를 만들어내야 했다. 할 수만 있다면 그 자체로 기네스

북감이 아닌가? 무엇보다 대량생산의 씨를 뿌려줄 씨앗나비가 문제였다. 한겨울에 어디서 나비를 잡는단 말인가?

그래도 혹시나 하는 마음으로 잠자리채를 들고 제주도로 날아갔다. 나비가 즐겨 찾는 배추밭 사이를 누볐다. 우리는 서리꾼으로 몰려 멱살을 잡히기도 했고 소나기를 피해 바위 밑에서 몸을 떨기도 했다.

역시 정성이 뻗치면 하늘도 감동하나 보다. 우리는 기어코 북제주군 어느 양배추 밭에서 남의 속 타는 심정도 모르고 한가로이 노니는 녀석들을 사로잡을 수 있었다.

곤충연구소에서 고군분투하는 동안 공무원들은 현장으로 달려갔다. 나비 축제가 '깨끗한 환경'을 모토로 한 만큼 이에 걸맞은 경관조성이 시급했다. 특히 함평천이 문제였다. 축제가 치러질 곳인데도 폐수, 오니, 악취로 근처에 가기가 겁날 지경이었다.

축제장이 유채꽃 물결을 이루고 나비가 훨훨 날아다닌다 한들 이런 골칫덩이가 옆에 있으면 관광객들이 도망가기 바쁠 것이다. 직원들은 두 팔을 걷어붙였다. 불철주야 쓰레기를 줍고 썩은 흙을 파냈다. 둔치는 수생식물들로 채워나갔다.

임시 처방이지만 상류에 있는 저수지에서 한시적으로 맑은 물을 흘려보내는 것도 잊지 않았다. 비록 목욕 대신 고양이 세수를 한 격이지만 그럭저럭 행사를 치를 구색은 갖췄다. (지금은 정비 사업으로 아름다운 생태하천이 돼 있다.)

　　하지만 축제가 두 달밖에 남지 않았을 때 대형사고가 발생했다. 축제장 맞은편 야산에 불이 나 하루아침에 숯덩이 민둥산이 돼버린 것이다. 나비 축제는 '깨끗한 환경'을 주제로 한 행사다. 이대로라면 누가 그걸 믿어주겠나?

"맙소사, 날 샜구나."

우리는 모두 상심에 잠겼다. 아니, 거듭된 불운에 넋을 놓아버렸다. 그때 누군가 불타버린 산자락에 커다란 나비를 한 마리 그려 넣자는 아이디어를 내놨다. 우리는 마치 지푸라기라도 잡는 절박한 심정으로 다시 일어섰다.

주민들도 동참했다. 흙투성이 천덕꾸러기들이 예상치 못한 시련에 부닥치자 마음 한 구석이 짠해온 것이다. 함평 사람 모두가 하나가 돼 '나비산'을 만들기 시작했다. 철쭉과 금계국을 심어 빨갛고 노란 나비가 아름다움을 뽐내도록 했다.

마침내 세계에서 가장 큰 나비산이 모습을 드러냈다. 전화위복은 이럴 때 쓰라고 만든 말 같았다. 산불은 시련이 아니라 축복이었다. 위기가 아니라 기회였다. 사람들은 불운의 징조가 꿈의 상징으로 변신한 모습을 보고 너나 할 것 없이 탄성을 내질렀다.

이심전심으로 고개를 돌려 서로의 얼굴을 들여다봤다. 흙먼지를 뒤집어쓰고 눈물범벅이 된 이 모습만큼 아름다운 게 세상에 또 있을까? 시련은 우리를 미치게 했다. 시련은 우리를 하나로 만들었다. 그리고 시련은 우리에게 성공의 예감을 속삭였다.

"비바람도 겪지 않고 어떻게 무지개를 볼 텐가?"

이제 남은 것은 홍보. 축제가 코앞에 닥쳤지만 아직 아무런 홍보도 안 돼 있었다. 지금까지 그랬듯 또 다시 무에서 유를 창조해내야 한다. 나는 공무원들과 주민들과 삼위일체가 돼 움직였다. 내가 언론을 맡았다. 공무원들은 모임을 누볐다. 주민들은 전화를 돌렸다. 사돈의 팔촌, 연락이 끊긴 동창, 옛 직장동료까지 오랜 만에 인사를 나눈 다음 나비 축제를 알렸다. 일당백의 전령사들이 휘젓고 다니니 홍보 효과는 만점이었다. 그동안 나비 축제를 준비하며 겪었던 무용담은 남도소리 한마당처럼 예비고객의 마음을 뺏었다. 희로애락을 따라 굿거리장단부터 휘모리장단까지 몰아치고 나면 감동의 물결이 흘렀다.

축제의 새벽은 그렇게 밝아왔다. 우리는 고통스러운 시련을 통해서 지난날의 낡은 관성들을 깨고 비로소 날개를 펴고 있었다.

용의 등에
올라타다

흔히들 '등용문^{登龍門}'이라고 하면 '입신출세의 관문'을 일컫는다. 그런데 이 말 속엔 더 깊은 속뜻이 있다.

중국의 황하 상류엔 용문^{龍門}이라는 협곡이 있다. 예로부터 이곳을 흐르는 여울은 어찌나 세차고 빠른지 큰 물고기도 여간해서는 거슬러 올라가지 못했다고 한다. 그러나 일단 오르기만 하면 그 물고기는 용이 돼 승천했다는 전설이 있다. 따라서 등용문, 즉 용문에 오른다는 것은 극한의 난관을 돌파하고 치고 올라갈 기회를 얻는다는 말이다.

1999년에 치러진 제1회 나비 축제는 우리 함평이 온갖 시련을 이겨내고 큰 발전의 계기를 마련하는 등용문이었다. 5월 5일 드디어 제1회 나비 축제 개막일이 밝았다. 나는 아침 일찍 축제장에 자리 잡고 설레는 마음으로 진입로를 응시했다.

오전 10시가 되자 관람객들이 모여들기 시작했다. 11시엔 나비 축제장 방향의 도로들이 조금씩 막히고 있다는 소식이 들어왔다. 조금 더 있자 함평으로 들어오는 모든 도로가 몸살을 앓고 있다는 교통 정보가 흘러나왔다.

"됐어!"

    예상은 했지만 이 정도일 줄이야. 주차장이 꽉 차서 더 이상 차를 댈 수가 없었다. 함평 읍내가 온통 주차장이 돼버렸다. 축제장 일대의 주유소들은 일찌감치 기름이 떨어졌다. 식당들도 쌀과 반찬이 떨어져 오토바이 타고 구하러 다니는 진풍경이 연출됐다.

관람객들이 구름처럼 몰려왔다. 주민들은 태어나서 한 번도 이런 광경을 본 적이 없다며 감탄사를 연발했다. 그날 하루 모여든 관광객만 수십만 명이었다. 개막선언을 하고 나비가 일제히 날아올랐다.

"우와!"

환호와 박수 소리에 함평이 떠나갈 듯했다.

나비가 유채꽃밭 위로 나풀나풀 춤을 추자 남녀노소 가릴 것 없이 동심에 젖는 분위기였다. 나비생태관은 그야말로 발 디딜 틈이 없었다. 직원들이 야심차게 준비한 향토가축체험장과 나비도예학습장은 아이들로 북적댔다. 과연 직접 해보는 재미가 쏠쏠했다.

아찔한 순간도 있었다. 사람들이 너무 많이 몰려드는 바람에 행사무대가 내려앉을 뻔했다. 다행히 미세한 움직임을 포착하자마자 직원들이 아래로 내려가 무대를 떠받쳤다. 그 사이 다른 직원들은 재빨리 지지대로 쓸 만한 것들을 공수해왔다. 각목, 나무막대기, 철근이 순식간에 빼곡히 들어찼다. 초인적인 힘을 발휘해 대형 사고를 막은 것이다.

주민들도 헌신적으로 자원봉사에 나섰다. 너나 할 것 없이 팔을 걷어붙였다. 부녀회는 축제장의 대소사를 책임졌고 모범 운전자들은 도로에서 교통안내를 책임졌다. 덕분에 관람객들은 축제 프로그램뿐 아니라 순박한 시골인심을 만끽하고 돌아갈 수 있었다.

그렇게 꿈같은 5일이 흘러갔다. 나비 축제의 폐막을 알리는 불꽃놀이가 함평의 밤하늘을 아름답게 수놓았다. 전국에서 60만 명의 관람객이 찾아와 11억 원의 직접수입과 53억 원의 간접수입을 올렸다. 축제기간 동안 주유소는 평소의 3배, 식당은 5배나 매출이 증가했다.

무엇보다도 공무원들과 주민들에게 긍지와 자부심을 높여준 것이 가장 큰 수확이었다. 다음은 당시 군정소식지에 실린 어느 공무원의 글을 발췌한 것이다.

"나비 축제로 인해 천지가 개벽할 일이 생겼다. 모두가 힘을 합치면 된다는 자신감을 얻었다. 반신반의하던 일부 군민들의 의식까지 돌려놔 진정한 군민화합을 이루었다. 그날의 감격과 환희를 가슴 깊이 간직하자. 함평인임을 다행이라 생각하고 자신 있게 말하자. 나비 축제로 이제 자신 있게 명함을 내밀 수 있게 됐다. 평상시 함평의 모습이 5월 5일의 반의 반만 된다면 얼마나 좋을까."

아이들도 나비 축제를 통해 푸른 꿈을 키울 수 있었다..

"어린이날이라 놀이공원이나 갈까 하다가 꽃과 나비가 어우러진 함평나비축제를 찾았다. 예쁜 나비들이 함평천 위 푸른 하늘로 날아가는 모습은 참으로 아름다웠다. 내 꿈도 저 나비들처럼 넓은 하늘을 마음껏 날아다닐 그날을 그려봤다. 우리 고장에서 이런 대 축제가 열리니까 고향에 대한 자부심이 느껴진다. 환경을 살리는 농업으로 자연과 사람이 함께 평화롭게 잘 사는 새 함평천지의 미래를 상상해 본다."

나비 축제는 그렇게 모두의 가슴에 진한 여운을 남기고 막을 내렸다. 축제가 끝나자 언론과 전국각지에서 찬사가 쏟아졌다.

"환경생태학습장의 새 지평을 열었다."
"세계적 행사로 커나갈 기반을 확보했다."

하지만 그러한 찬사에 안주할 수는 없었다. 함평은 이제 막 용의 등에 올라탔을 뿐이다. 제대로 비상하려면 철저한 준비가 필요했다. 우리는 제1회 나비 축제를 결산하고 관람객들로부터 모니터한 사항을 꼼꼼하게 검토하기 시작했다.

무엇보다 화장실에 대한 배려가 아쉬웠다. 원래 이런 사소한 데서 결판나게 마련이다. 2000년부터 화장실을 대폭 늘렸다. 최소 필요치의 3배 수준이었다. 관람객들의 이용행태를 분석해 여성전용, 소변기전용, 컨테이너 형, 트레일러 형을 배치했다.

여성 전용 화장실은 남성 전용의 2배로 증설하고 모든 축제장에서 가장 가까운 곳에 두는 매너도 잊지 않았다. 트레일러 형 화장실은 호텔을 떠올리게 만들었다. 대한민국 최초로 야외화장실에 비데를 설치해 고급스러운 분위기를 연출했다. 에어컨으로 온도를 조절했고 환풍기와 방향제로 냄새를 제거했다. 한 마디로 감동이었다. 입소문이 날 수밖에 없었다.

홍보도 빠뜨릴 수 없었다. 제1회 때는 시간이 촉박해 인맥 파고들기에 치중했지만 제2회 때는 '고공전'을 한 번 제대로 펼쳐보고 싶었다. 나는 문득 달력을 보다가 4월 22일이 '지구의 날'인 것을 알게 됐다. 지구의 날은 곧 환경의 날이다. 청와대 앞마당에서 나비를 날리면 어떨까 싶었다. 마침 나비 축제 직전이니 홍보효과도 클 것이다.

'우리 나비들이 출장을 좀 다녀와야겠구나.'

직원들은 무리라며 만류했다. 그러나 1등 축제 만들려면 청와대에서 행사를 치러야 한다. 그런 내 의지를 그 누구도 꺾을 수는 없었다. 청와대에 일정을 내달라고 요청했다. 그쪽에선 다른 지자체와의 형평성을 들면서 난색을 표했다. 나는 나비 축제가 세계적인 축제가 되면 이번에 안 한 것을 후회할 것이라고 설득했다. 오랜 줄다리기 끝에 일정을 잡을 수 있었다.

4월 22일이 되자 나는 초등학교 어린이들과 함께 청와대로 향했다. 때마침

하늘이 어두워지더니 비가 쏟아지기 시작했다. 청와대는 어차피 비에 젖으면 나비가 날지 못하니 일정을 취소하자고 연락해 왔다. 나는 어린이와의 약속을 함부로 어길 수 없다며 버텼다. 결국 하루만 미뤄서 행사를 진행하기로 했다.

다음날 청와대 녹지원에서 나비 날리기 행사가 열렸다. 이희호 여사가 나비 바구니를 터뜨리고 학생들이 나비함 뚜껑을 열자 호랑나비와 표범나비 2천여 마리가 일제히 하늘로 날아올랐다.

이희호 여사는 '지구를 나비가 날아들고 새들이 노래하는 삶의 터전으로 만들자'며 '지구의 날'을 '나비의 날'로 바꿔주었다.

이 이벤트는 그림이 좋아 신문 방송의 머리기사로 다뤄졌다. 물론 '제2회 함평 나비 축제가 열흘 앞으로 다가왔다'는 멘트도 빠짐없이 담겼다.

나비 축제라고 나비와 체험 이벤트만으로 끌고 가면 금방 식상해진다. 음악에서 단조로움을 피하기 위해 화음을 넣어주듯이 나비 축제도 킬러콘텐츠를 보강하는 노력을 기울여야 한다. 내가 뱀 장사로 나선 것도 그런 이유에서다.

2002년 4월 신안 앞바다에서 대규모 해상 밀수가 적발됐다. 중국산 뱀과 참깨를 수십억 원어치 밀수하려다가 세관에 걸린 것이다. 뉴스를 보던 내 눈이 번쩍 뜨였다.

'살아 움직이는 뱀이라…… 저거 괜찮겠네.'

다음날 출근하자마자 환경보전과장을 불러들였다.

"어제 뉴스 보셨습니까? 그 뱀 말입니다. 제가 좀 욕심이 납니다."

환경보전과장은 자기 귀를 의심하는 눈치였다.

"군수님이 몸보신하시겠다는 건 아닐 테고 설마 그 뱀을 가져오라는 겁니까?"

사실 공무원 입장에선 황당한 노릇이다. 아무리 군수가 별나도 그렇지 시켜 먹을 게 없어서 이제는 밀수하다가 적발된 뱀을 가져오라니……. 환경보전 과장은 고개를 절레절레 흔들며 그 길로 세관에 쫓아갔다. 물론 세관에서는 불가입장을 밝혔다.

이제 내가 출동할 차례다. 환경보전과장을 먼저 보낸 것은 일종의 절차였 다. 처음부터 윗선만 끼고 돌면 아래에서 알겠다고 하고 틀어버리는 수가 왕왕 있기 때문이다. 그만큼 이 일을 성사시키고 싶었다.

관세청에 전화를 걸어 기왕에 적발한 뱀 좋은 일에 쓰도록 해달라고 부탁했 다. 청장도 곤혹스러워 했다. 한참을 궁리하더니 핑계를 댔다. 지자체에 밀 수품을 넘겨준 전례가 없단다. 대법원 판례 같은 게 있으면 갖고 오라고 했 다. 그러나 나는 집요했다. 나비 축제에 대한 중앙 정부의 기대까지 거론해 가며 결국 승낙을 받아냈다.

30분 후 직원들은 마대자루에 뱀을 챙겨 함평으로 돌아왔다. 나비 축제에 뱀을 활용한다는 소식이 알려지자 또 여론이 들끓었다. 중국산이라는 게 이 유. 그러나 반대여론도 나비 축제에서 뱀의 인기가 폭발하자 쑥 들어갔다.

아이들은 뱀을 실제로 보자 어쩔 줄 몰라 했다. 두 눈이 휘둥그레져서 추억의 책장에 남기기 바빴다.

뱀은 생태 자원일 뿐 아니라 한약재, 신약재료, 화장품원료 등 다양한 용도로 쓸 수 있다. 비록 보신용 밀수품으로 들어왔지만 함평과 궁합을 맞추면서 세계 최고가 될 수 있는 기회를 잡은 셈이다.

열 머슴이
주인 한 명 못 당한다

나비 축제는 1999년부터 2009년까지 11회를 치르며 관람객수 1,100만 명을 돌파했다. 군민 직접소득도 200억 원을 넘어서 개최비용 대비 4배가 넘는 수익성을 자랑했다. 2008년 문화관광체육부 지정 최우수축제는 물론 수상내역은 헤아릴 수도 없고 각종 평가에서 받은 시상금과 공모사업만 해도 1,000억 원을 상회한다.

나비 축제가 일류 브랜드로 우뚝 서자 직원들의 사기도 하늘을 찌른다. 중앙부처를 상대로 설득을 할 때도 기업 마인드를 가지고 도전적이고 적극적인 자세로 임한다.

타 지역에선 평가결과가 나오면 '그런가 보다' 한다. 하지만 우리는 직접 들어가서 평가위원들을 일일이 설득한다. 어딜 가든 자신 있게 명함을 내민다. 함평의 브랜드부터 사업의 실행방안까지 당당하게 설명한다.

그러니 중앙부처에서도 함평이 하면 잘할 것이라는 신뢰감이 쌓여 있다. 그 결과 2005년 세계 나비 곤충 엑스포 개최 승인, 2006년 나비산업특구 지정, 2008년 한우산업특구 지정 등 굵직굵직한 사업들을 연이어 통과시켰다. 농촌종합개발사업 역시 우리나라에서 가장 많은 4건을 함평 땅에 유치해왔다.

물론 실무자들도 막히는 경우도 있다. 우리나라 행정은 아직도 안면이 작용한다. 얼굴이라도 알아야 도와주지 모르는 사람은 만나주지도 않는다. 그럴 땐 나한테 보고를 하면 된다. 군수란 자리가 이럴 때 쓰라고 있는 거다. 막힌 데 뚫어주는 게 내 전공이다. 나는 5분대기조다. 언제나 출동준비를 하고 있다. 필요하다면 한밤중에라도 올라간다.

　　내가 항시 공직자들에게 강조하는 게 있다. 주인의식을 가지라는 것이다. 앞서 밝힌 성과들도 직원들이 주인의식을 가지고 임했기 때문에 가능했다고 생각한다.

의현義玄이 지은 『임제록臨濟錄』에 보면 '수처작주 입처개진隨處作主 立處皆眞'이라는 글귀가 나온다. '가는 곳마다 주인이 되고 서 있는 곳이 모두 진리의 자리'라는 뜻이다. 나는 공무원들이 주인의식을 가지고 늘 현장에서 매진한다면 성과는 따라오는 것이라고 생각한다. 그래서 무슨 일을 시키든지 가급적 책임과 권한을 동시에 주고 자신의 일처럼 하라고 당부한다.

나는 직원들이 열심히 하다가 실패하는 일에 대해선 아무 소리도 안 한다. 반면 권한을 줬는데도 책임의식 없이 어영부영 하다가 실패하는 건 아주 호되게 질책한다.

차 유리창이 더러우면 닦아야 한다. 시야가 좁아져 사고가 생길 수 있기 때문이다. 더러운 유리창을 닦다가 실수로 깨는 사람은 최소한 사고를 방지하기 위해 노력한 사람이다. 그러나 보고도 그냥 지나치는 사람은 미필적 고의로 사고를 일으킬 사람이다. 이것이 바로 주인의식이 있고 없고의 차이다. 모든 일에 주인의식을 가져야 한다. 열 사람의 머슴이 있어도 주인 한 사람을 못 당한다. 마인드가 다르기 때문이다. 무학대사가 태조 이성계에게 한 말이 있다.

"부처님의 눈으로 보면 부처님만 보이고 돼지의 눈으로 보면 돼지만 보입니다."

머슴은 머슴의 눈으로 보고 주인은 주인의 눈으로 본다. 그래서 열 머슴보다 주인 한 명이 하는 일이 성과가 클 수밖에 없다.

나비 축제 행사장을 다녀보면 구역마다 직원들의 이름과 사진이 붙어 있는 걸 볼 수 있다. 직원들은 실명제 실시 후 보다 더 책임감을 갖고 진정한 전문가가 되기 위해 땀과 정성을 쏟는다.
함평군엔 경험도 많고 기량도 뛰어난 전문가들이 곳곳에 포진하고 있다. 지난 10년 동안 주인의식을 가지고 최고의 축제를 만들어 왔기에 가능한 결과다. 조경이면 조경, 마케팅이면 마케팅, 홍보면 홍보 모두 최고다. 민간기업에서 찾아와 벤치마킹을 하고 스카우트 제의를 할 만큼 프로 중의 프로다. 세상 어디에 내놔도 최고로 꼽히는 함평의 일꾼들이다.

함평 조직문화의 가장 큰 특징 중 하나는 토론문화다. 토론문화는 직원들의 주인의식을 키워줬다. 지금까지 나비 축제에서 선보인 모든 콘텐츠들이 직원들의 아이디어 회의를 거쳐서 나왔다. 함평만의 특색이 담기고 농촌을 느낄 수 있는 콘텐츠는 전문기획사에 맡길 수 없다. 주인의식을 가진 직원들이 가장 잘 만든다.

주인이기에 함평의 일상에 담겨 있는 작고 평범한 것들이 눈에 밟힌다. 주인이기에 돼지 몰기와 미꾸라지 잡기 체험 프로그램을 만들 수 있다. 고구마, 콩, 밤을 손수 구워먹게 해주자는 아이디어도 낼 수 있다. 손님은 무심코 지나치는 것들도 주인의 눈에는 블루오션이고 창조의 씨앗이다.

여자 역시 예외일 순 없다.

나는 우리나라 최초로 여자 면장을 임명해 지역에 내려 보냈다. 당시 그 면의 어르신들이 군청으로 몰려와 면민들을 무시한 처사라고 따지던 모습이 기억에 생생하다. 하지만 2년이 지나자 그녀는 주민들로부터 최고의 면장으로 인정받았다.

여자에게 수산계장이나 홍보계장 같은 힘든 자리를 맡겼던 것도 같은 맥락이다. 21세기는 지식정보화 시대다. 문화적 감수성이 각광을 받는다. 여자들이 남자들보다 유리한 환경이다. 주인의식을 가지고 뛰면 훨씬 큰 성과를 이끌어낼 수 있다.

직원들의 신뢰를 얻기 위해선 인사관리가 공정해야 한다. 나는 군수에 부임한 후 일관되게 실적 위주의 인사 방침을 밝혀왔다. 함평군은 인사와 진급을 오직 실적 한 가지로만 평가한다. 연공서열은 물론 친분이나 뇌물을 철저하게 배제해 왔다. 전국에서 최초로 공무원노동조합에서 추천한 하위직 공무원을 인사위원에 포함시킨 것도 이 원칙을 지키기 위해서다. 1998년 함평군수 선거에 처음 나섰을 때 군청 안에서도 나를 적대시하던 사람들이 있었다. 군수에 취임한 후 정부 차원의 공무원 구조조정이 있었다. 그때 나를 낙선시키기 위해 앞장섰던 문중 출신은 한 명도 안 건드렸다. 선거 때 어떤 입장이었든 그 사람들은 일꾼이라고 여겼기 때문이다. 오히려 나와 같은 경주 이씨 문중이었던 과장 한 사람이 구조조정 대상이 됐다.

사무관 승진도 마찬가지다. 내가 민선 2기 때 임명한 사무관이 4~5명이었다. 그중에 두 명은 나를 낙선시키려던 문중 출신이었다. 또 내 조카가 공채 7급으로 군청에서 근무하고 있다. 조카 동기들은 다 6급 달아서 내보냈다. 하지만 조카만은 아직까지 7급이다.

인사가 있을 때 돈 보따리를 들고 찾아오는 사람도 있다. 그분을 돌려보내면서 이렇게 이야기한 적이 있다.

"제가 방송인 출신입니다. 그 돈을 받지 않고 언론에 공표하면 스타 군수가 될 수도 있습니다. 그러나 식구를 밟고 일신의 영달을 추구하고 싶지는 않습니다. 다음부턴 이런 일로 찾아오지 마세요."

이런 자세를 부하직원들이 인정한다. 주인의식을 가지고 일만 열심히 하면 기회는 보장될 것이라고 믿는다. 평가가 실적 위주로 객관적이고 공정하게 실시되기 때문이다. 기획형인지, 현장형인지 잘 파악해서 적재적소에 배치하고 조화를 이뤄준다. 그러니 시너지 효과가 생기고 일도 잘되는 것이다. 이것이 바로 직원들을 일에 미치게 만드는 인사의 힘이다.

윗물이 미치면
아랫물도 미친다

열정이 넘치는 조직은 어떻게 만들어질까? 나는 무엇보다도 동기부여가 확실해야 한다고 본다. 나는 어린 시절 골목대장을 할 때부터 동기부여의 중요성에 눈을 떴다. 나는 이웃마을과 축구시합을 해서 지면 무조건 기합을 줬다. 동네 아주머니들이 항의를 하건 말건 아랑곳하지 않았다. 그보다 중요한 건 가뭄에 콩 나듯 이겼을 때다. 나는 그날의 MVP에게 상금을 줬다. 상금은 다름 아닌 방위성금 내라고 준 어머니 쌈짓돈이었다.

동기부여의 방법은 많다. 기업에서 최고의 동기부여 수단은 아무래도 인센티브일 것이다. 공무원 조직은 조금 다르다. 공익을 최우선 가치로 여기기 때문이다. 나는 지도자의 솔선수범이 가장 효과적인 동기부여라고 생각한다. 다국적 유통업체인 코스트코의 CEO 짐 시네걸은 55년 전인 18세 때 할인점 점원으로 일했다. 시네걸은 그 시절 오너가 솔선수범해야 직원도 따른다는 단순하지만 소중한 교훈을 얻었다. 오너가 바닥에 떨어진 쓰레기를 손수 줍고 매장 진열대를 직접 고치면 직원들도 자극을 받고 자기가 할 일을 찾게 돼 있다.

열정도 마찬가지다. 지도자가 솔선수범해야 한다. 언행을 일치시켜야 한다. 스스로 공무원과 군민들의 역할모델이 돼야 하는 것. 너무나 평범한 것 같지만 진리는 원래 평범함 속에 깃들어 있는 법이다.

　　요즘 우리나라 시골 지자체들이 이구동성으로 외치는 말이 있다. 인구수를 늘리자고 한다. 지역마다 명문학교 만들기에 혈안이 된 것도 그래서다. 그러나 군수 자녀가 대도시 학교를 다니거나 외국유학 중이면 그 구호는 약발이 먹히지 않는다. 아무리 그럴 듯한 교육정책도 까치 발바닥 빠는 소리가 된다.

나는 내 아이들부터 함평에서 초중고를 다니게 했다. 그러자 대도시 진학을 염두에 두고 있던 학부모와 선생님들도 생각을 고쳐먹었다. 내가 아이들을 외지에 내보냈다면 함평의 창조교육도 힘을 받기 어려웠을 것이다. 지도자의 처신은 강물에 돌을 던지는 것과 같다. 아무리 사소한 일이라도 동심원을 그리며 일파만파 번져간다.

　　1998년 내가 군수로 부임해서 보니 공무원들이 보증 때문에 골머리를 앓고 있었다. 다른 사람의 보증을 서줬다가 돈을 떼이는 일이 비일비재했다. 심지어는 월급을 제대로 못 가져가 생계 곤란을 겪는 직원들도 있었다. 그러다 보니 군청 분위기도 엉망이었다. 마치 보증폭탄을 맞은 것처럼 말이다.

당시 함평에서 공무원은 신분증 하나만 복사해줘도 보증을 설 수 있었다. 게다가 가장 안정적인 직장이다 보니 보증 서달라는 사람들이 줄을 섰다. 보증의 보증수표였던 셈이다. 나 역시 공영방송 PD 시절 피해를 본 사람으로서 모른 체할 수 없었다. 앞으로 군수 동의 없이 보증 서주는 공무원은 징계할 것이라고 엄포를 놨다.

"부모든 형제든 보증을 서주려거든 군수 동의부터 받아라!"

시골은 혈연, 지연, 학연으로 얽힌 작은 사회다. 안면을 중시할 수밖에 없다. 보증요구를 해오면 대놓고 거절하기 어렵다. 하지만 군수가 이렇게 나오니 공무원들도 할 말이 생겼다. 상대방도 무리하게 보증을 요구할 수 없었다. 직원들 입장에선 기댈 언덕이 생긴 것이다. 나는 그렇게 초창기 근무 분위기를 잡아나갔다.

그러던 어느 날 내가 그 덫에 걸려버렸다. 막내처남이 전화를 해서 자동차 사게 보증 좀 서달라는 것이었다. 얼떨결에 그러마고 했는데 밤에 곰곰이 생각해보니 '이건 아니다.' 싶었다. 군수는 마음대로 보증 서주면서 공무원들에게는 동의 받고 서주라니.

나는 자존심은 좀 상했지만 새벽 댓바람부터 전화를 걸었다. 나는 막내처남에게 여차저차 해서 보증은 서주기 어려우니 차라리 내 통장에 있는 돈을 가져다 쓰라고 했다. 막내처남이 서운하게 생각한 건 당연했다. 그 후 몇 년 동안 나는 처가에 갈 때마다 가시방석에 앉는 기분이었다.

공인으로서 인간적인 고뇌는 있을 수 있다. 하지만 약속은 약속이다. 나는 지도자가 솔선수범해야 부하들이 따라온다는 것을 믿었다.

나비에 미치는 것도 마찬가지다. 나는 외국에 나갔다 올 때마다 짐이 한 가득이다. 나비와 관련된 캐릭터 상품을 몽땅 사가지고 입국한다. 한번은 그렇게 짐을 들여오다가 공항세관에 제지를 당했다. 가방 속에서 나비 모양 머리핀, 장난감, 인형이 끝도 없이 나오니까 보따리 장사로 오인 받은 것이다.

또 다른 일화도 있다. 몇 년 전 다른 자치단체장 일행과 함께 해외 벤치마킹을 다녀온 적이 있다. 귀국 항공편을 타려고 급히 게이트로 가는데 면세점에 진열된 나비 크리스털 제품이 눈에 번쩍 띄었다. 만류를 뿌리치고 기어이 면세점에 들어갔다. 크리스털 제품은 깨지기 쉽기 때문에 포장에 시간이 많이 든다. '나비에 미친 군수'라는 핀잔과 따가운 눈총이 귀국하는 내내 나의 뒤통수를 간질였다.

군수가 장사꾼이 되면 직원도 장사꾼 된다. 나비 축제가 해를 거듭할수록 공무원들도 장사꾼으로 변해갔다. 나비 캐릭터 상품을 개발하던 한 여직원은 새벽만 되면 서울 남대문 시장을 돌아다녔다. 눈에 불을 켜고 나비 관련 상품을 찾아다닌 것이다.

어디 장사꾼뿐인가? 일에 미치면 스파이 짓도 마다않게 된다. 2003

년 8월 중고농기계 전달식 참석차 북한을 방문했을 때 일이다. 양각도 호텔에 여장을 풀고 산책을 나섰는데 초가을 가로등 불빛 아래서 뭔가 꾸물꾸물 기어 다니는 게 보였다. 호기심에 다가가보니 물방개였다.

그날 밤 나는 동행했던 김만환 군의회 의장과 함께 대동강 물방개 23마리를 잡았다. 귀국할 때 챙겨왔음은 물론이다. 북한에서 찾아온 '대동강 물방개 가족'은 관람객들로부터 인기를 한 몸에 받았다. 고 노무현 전 대통령도 함평을 방문했을 때 만져보고 좋아할 정도로 인기스타가 됐다.

윗물이 미치면 아랫물도 미친다. 나는 공무원들에게 현장교육을 강조하는 편이다. 교육의 중요성이야 두 말할 나위 없겠지만 그렇다고 다 큰 사람들 모아놓고 영어 수학 가르치듯 할 순 없다. 그저 현장으로 달려가는 게 최고다. 서울에 좋은 전시회가 있으면 군청 버스에 태워 출동시킨다. 외국도 많이 다니면서 보고 듣고 느끼게 한다. 가슴을 열고 새로운 것을 받아들이다 보면 낡은 생각은 흔적도 없이 사라진다.

　　　그런데 이 사람들 봐라. 언젠가부터 다른 지역으로 교육이나 출장만 다녀오면 뭔가 들고 나타난다. 국화든 뭐든 좋은 묘목이나 귀한 품종이 있으면 어떻게 해서든 함평에 들여와야 직성이 풀린다. 붓 뚜껑에 목화씨를 숨겨온 문익점이 따로 없다. 내가 시킨 게 아니다. 자기들이 재미있어 한다. 한 마디로 미친 것이다.

중국의 춘추전국시대에 오기吳起라는 명장이 있었다. 그는 항상 신분이 낮은 병졸들과 동고동락했다. 같은 옷을 입었으며 식사도 함께했다. 잠을 잘 때는 자리를 깔지 않았고 행군할 때도 말이나 수레에 오르지 않았다. 어느 날 병졸 중 하나가 심한 종기를 앓게 됐다. 그러자 그는 입으로 그 종기를 빨아주었다. 병졸의 어머니는 그 소식을 듣고 통곡을 하면서 말했다. "전에 그 아이 아버지의 종기도 오 장군이 빨아줬는데 싸움마다 앞장서다가 죽고 말았지요. 이제 제 자식의 종기를 빨아주셨으니 이 아이 또한 죽은 목숨 아니겠습니까?"
오기의 솔선수범은 부하들이 전장에서 죽음을 두려워하지 않고 싸우게 만들었다.

　　함평 공무원들은 창조적 열정을 갖고 미친다. 그러니 함평의 어르신들은 염려하실 필요가 없다. 그저 군수처럼 '조금' 미치는 것뿐이니까.

창의적 열정과
상상력에 불을 지펴라

"네 일은 네가 알아서 해라. 잘잘못도 스스로 판단해 봐라."
내가 어렸을 때 아버지는 이렇게 말씀했다. 그땐 몰랐지만 아버지 덕분에
내가 원하는 일, 내가 좋아하는 일, 내가 해야 할 일을 스스로 찾아다니면서
창조적 열정을 키웠던 것 같다. 또한 산과 들을 누비면서 시골의 정기를 마
시고 감성과 상상력을 키우는 호강(?)도 누릴 수 있었다. 물론 공부는 열심
히 하지 않았지만.

　　　서구에서는 근대 이후 창조적 인재를 중시하는 풍토를 일궜다. 일
화를 하나 들어보도록 하자. 유명한 화가 라파엘이 천장에서 그림을 그리고
있었다. 국왕이 그 광경을 지켜보다가 곁에 있던 총리에게 사다리를 잡아주
라고 명령했다. 총리로서는 심기가 불편할 수밖에.
"만일 사다리가 무너져 제 목이 부러지면 국정은 어떡합니까?"
그러자 왕은 아무 일도 아니라는 듯 태연하게 대꾸했다.
"총리는 바꾸면 그만이지만 라파엘 같은 화가는 또 구할 수 없잖소. 꽉 잡
으시오."
하지만 우리나라는 최근까지도 그렇지 못했다. 당대의 석학 이어령 선생은

이렇게 설명한다.

"창조적 상상력은 기존의 틀을 깨는 데서 출발합니다. 그런데 한국사회는 군사정권을 거치면서 창조적 사고를 확장할 수 있는 토대가 취약해졌습니다. 가부장적인 권위 속에서 어떠한 이견도 용납하지 않는 문화가 결국 전 사회 조직원들의 사고를 획일화시키고 말았습니다."

21세기는 지식정보 사회다. 지식이란 콘텐츠이고 콘텐츠는 창조성을 요구한다. 우리 민족은 기본적으로 창조성이 뛰어나다. 중국, 일본, 동남아를 강타한 바 있는 한류 열풍을 봐도 알 수 있다. 문제는 어릴 때부터 그 창조적인 열정과 상상력을 키워주고 있는가이다.

창조적 거장은 어느 날 갑자기 하늘에서 뚝 떨어지는 게 아니다. 그 사회의 교육 역량이 뒷받침돼야 한다. 소질이 있는 아이와 그 분야에 우호적인 문화 그리고 풍부한 사회적 지원이 있어야 가능하다.

그런 면에서 우리나라 교육의 현실은 암담하다. 나는 2009년 나비 축제 때 서울에서 내려온 여자 교장선생님 150여 명에게 특강을 했다. 그때 이런 당부를 한 기억이 난다.

"여러분, 솔직히 공부 잘하는 놈만 예뻐 보이죠? 그런 놈만 머리 쓰다듬죠? 하지만 공부 머리가 안 되는 녀석들도 꿈이 있고 소질도 있습니다. 그런 걸 기억했다가 한 번씩 조언을 찔러주면 아이의 인생이 바뀌는 겁니다. 세계 최고가 나오는 겁니다."

교장 선생님들 앞에서 이런 이야기하는 건 어찌 보면 번데기 앞에서 주름잡는 격이다. 물론 나는 대학시절 교육학을 이수하고 정규교사 자격증도 딴 바 있다. 그러나 내가 감히 교장 선생님들께 주제 넘는 충고를 할 수 있었던 것은 공부 잘하는 아이 위주의 교육을 바꿔야 나라의 미래가 있다는 신념 때문이다.

공부 잘하는 아이들은 어차피 자기가 알아서 한다. 교육의 초점을 공부 안 하는 아이에게 맞추는 게 정답이다. 선생님들의 역할은 그런 아이들의 꿈이 뭔지, 어떤 걸 원하는지 찾아내는 것이다. 아이가 잘하는 분야를 기억하고 있다가 '그 분야의 세계 최고가 되라.' '너는 충분히 할 수 있어.' 등의 말 몇 마디 보태주는 것만으로도 인생이 달라진다. 부모가 별의별 호의호식 시켜 주는 것보다 더 큰 자산이 된다.

공부 안 하는 아이들은 인간성이 좋은 경우가 많다. 인간성이 좋다는 건 사회성이 있다는 뜻이다. 어느 조직에 내놔도 경쟁력 있다. 이런 아이들에게 타고난 달란트 하나 개발해주면 우리 사회가 필요로 하는 재목이 된다.

공부 잘하는 아이는 영웅을 만들고 공부 안 하는 아이는 바보 취급해서는 안 된다. 그런 교육은 결국 소질을 썩혀 우리 사회의 미래에 손실을 입히고 만다. 영어 수학만 강조하는 것도 문제다. 과목마다 요구하는 자질이 있다. 그것을 특화시켜야 세계 최고가 많아진다. 신지애가 그런 케이스다. 이런 창조교육을 하자는 말이다.

지금이라도 공부 안 하는 아이 머리 한 번 쓰다듬어 주는 게 중요하다. 네가 긍정적인 생각으로 열심히 살아가면 얼마든지 훌륭한 사람이 될 수 있다고 말이다. 그러면서 노트 한 권 쥐어주면 그 노트에 대한민국의 미래를 바꿀 획기적인 아이디어가 빼곡히 적힐지도 모른다.

공부 잘하는 아이들만 편애하는 현상은 국가적으로 보면 명문학교만 육성하는 정책으로 나타난다. 명문학교를 다니는 아이들일수록 꿈이 획일적이다. 꿈이 서울대 아니면 연세대와 고려대 입학이다. 직업도 의사 아니면 판검사다.

나는 함평의 고등학생들을 만날 때마다 신신당부한다.

"서울대를 목표로 삼을 바엔 미국의 하버드 대학을 가라."

"네 안에 저 하늘의 별들만큼 많은 가능성이 있다니깐."

사실 우리나라의 서울대나 미국의 아이비리그나 입학하는 데 들이는 노력은 별 차이가 없다. 또 의사나 판검사는 굳이 천재들이 할 필요가 없다. 오히려 인문학이나 기초과학 분야에 인재가 몰려야 나라가 부강해지지 않을까?

지금 우리 사회는 물질만능주의가 만연해 있다. 세상에 상처입고 마음의 흉터를 간직한 채 살아가는 사람들이 땅바닥만 보며 거리를 오간다.

하지만 교육을 바꾸면 누구나 행복하게 살 수 있는 길을 찾을 수 있다.
어떤 아이들은 영어 수학이 안 되고 공부가 체질에 안 맞을 수도 있다. 그런데 잘 나가는 아버지가 '너 공부가 이게 뭐야?' '내 얼굴에 먹칠 할 거야!' 하고 윽박지르면 아이는 스트레스를 받는다. 내 인생이냐 아빠 인생이냐 고민하다가 아파트에서 냅다 뛰어내린다.
공부라는 천편일률적인 기준으로 몰아세우지 말고 그럼에도 잘할 수 있는 걸 찾아주자.

애플의 CEO 스티브 잡스는 어린 시절 말썽꾸러기로 유명했다. 스티브는 학교생활을 따분하게 여겼고 시간낭비라고 생각하는 숙제는 손도 대지 않았다. 대신 교실에서 장난감 폭발물을 터뜨리거나 뱀을 풀어놓는 짓에 앞장섰다.
그러던 어느 날 스티브는 이웃집 형이 초창기 컴퓨터를 직접 제작하는 모습을 보면서 가슴속의 공허함이 뭔가 뜨거운 것으로 채워지는 기분을 느꼈다고 한다. 애플컴퓨터와 아이팟의 신화는 거기서 출발했다.
판타지소설 해리포터시리즈로 유명한 영국인 작가 조앤 K 롤링 역시 어린 시절을 불우하게 보냈다. 그러나 그녀에게는 아주 특별한 습관이 하나 있었다. 공상을 즐겼던 것. 그녀는 혼자서 상상놀이라는 것을 개발했다. 자신이 가공의 캐릭터가 됐다고 가정하고 여러 가지 이야기를 갖다 붙이는 식이었다. 그녀가 쓴 해리포터 시리즈는 현재까지 63개국 언어로 번역돼 3억

5,000만 부 이상 팔려나갔다.

우리나라엔 하림의 김홍국 회장이 있다. 그는 시골에서 태어나 닭과 함께 청소년기를 보냈다. 그에게 닭은 운명과 같은 존재였다. 외갓집에서 받아온 10마리의 병아리가 계속 불어나 18세 땐 4,000마리가 됐다. 결국 고등학교에 다니면서 사업자등록증을 내고 본격적인 양계사업에 뛰어들었다. 이후 닭은 김홍국 회장의 평생 동반자가 됐다.

명문대 나오지 않고도 성공한 사람은 얼마든지 많다. 아이가 스스로 원하는 것, 아이가 미칠 수 있는 것을 찾도록 해야 한다. 창조적 열정과 상상력에 불을 지펴야 한다. 그것이 아이로 보나 사회로 보나 남는 장사다.

벽돌과 돌의 차이가 무엇인가? 벽돌은 새로 찍어내면 된다. 그러나 전 지구상에 있는 돌들은 모두 다른 창조적 개체이다. 획일적 가치관 속에서 성장한 인물이 지도자가 되면 그 사회는 유연성이 떨어질 수밖에 없다. 글로벌 리더십도 기대하기 어렵다. 우리가 해야 할 일은 창조적 열정과 상상력이 빛나는 짱돌 같은 인재를 키워내는 것이다. 이것이 바로 21세기를 호령할 세계적인 경쟁력이다.

열어라!

가슴을 열어젖히는
감동 행정

3선의 비결,
333의 법칙

나는 함평군수로 내리 3선을 했다. 호남 지역에서 유일하다. 유종의 미를 거두는 시점에서 다음을 준비하는 사람들에게 조언 한 마디 해주고 싶다. 3선을 거치는 동안 터득한 '333의 법칙'이다.

고향에서 심판을 받으려면 먼저 '3대'가 공을 들여야 한다. 할아버지, 아버지, 본인까지 하자가 있어선 안 된다. 본인은 물론 할아버지가 누구를 못 살게 굴었다거나 아버지가 물의를 일으킨 적이 있어도 유권자들은 마음을 주지 않는다.

다음으로 '3족'이 정성을 쏟아야 한다. 본가뿐 아니라 처가와 외가 역시 주위를 단속하고 처신을 똑바로 해야 한다. 만약 과거의 안 좋은 전력이 밝혀지거나 선거를 치르는 과정에서 구설수에 오르면 선거를 망치는 악재가 되기 십상이다.

마지막으로 '3부'에 심혈을 기울여라. 3부란 아부, 치부, 공부를 말한다. 평소에 어르신, 동창, 친구, 이웃, 조직 관리를 잘하는 게 넓게 보면 아부다. 치부는 선거에 대비해 미리 정직한 방법으로 돈을 벌어놔야 나중에 문제가 안 생긴다는 뜻이다. 그리고 내 지역을 위해 정책과 청사진을 마련해두는 건 기본이다. 이것이 바로 공부다.

이 '333 법칙'만 유념하면 3선 군수도 문제없다. 기본원리가 여기 다 녹아 있다. 그러나 선거에 대해 아무리 준비를 많이 한들 처음에는 긴장하게 마련이다. 내 경우엔 어땠을까?

나는 어린 시절에 공부는 열심히 안 했지만 친구들은 많았다. 목소리가 굵고 우렁찬 편이라 말 한 마디를 하더라도 좌중을 휘어잡을 만큼 카리스마가 있었다. 게다가 짧은 목도 마치 불도그처럼 근성 있게 비춰졌다. 이 모든 것들이 부모님이 물려주신 소중한 자산이 아닐까 싶어 지금도 감사한 마음으로 산다.

그래서인지 늘 내게 알아서 하라던 아버지도 내가 입대할 무렵이 되자 장교로 갈 것을 권유했다. 일단 가정환경도 어려웠고 내 기질이 군 지휘관에 적격일 거라 여긴 것 같다. 하지만 아버지의 소원을 이뤄드리진 못했다. 공군 장교시험을 보러 갔다가 키가 기준에 미달돼 떨어진 것.

나는 일반사병으로 3년간 군 복무를 마친 뒤 1984년 전남대 총학생장 선거에 출마했다. 당시 총학생장 선거는 간접선거였다. 과 학회장과 단과대 학생장을 거쳐 마지막에 학생대표들이 총학생장을 뽑았다. 3단계를 밟고 올라가는데다 평균학점도 3.0 이상을 요구했다. 이듬해부터 실시된 학생회장 직선제보다 까다로운 면이 있었다.

또 총학생장 선거에선 어느 고등학교를 나왔느냐가 중요했다. 그 해엔 전국적인 명문고였던 S고 출신의 후보가 당선이 유력시됐다. 함평농고를 졸업한 나로서는 조건도 세력도 불리한 선거였다. 하지만 나는 포기하지 않았다. 내 생각에 중요한 건 전남대 학생들이 원하는 게 무엇인지 아는 거였다. 나는 단순하게 생각했다. 그 시절 지방 국립대학엔 농촌 출신 학생들이 많았다. 그중 상당수가 뛰어난 실력에도 불구하고 가정 형편이 여의치 않아 서울에 못 갔다. 나 역시 시골에서 성장기를 보냈기에 그 친구들의 마음을 얻는 게 중요하다고 생각했다. 그래서 나온 것이 바로 '용봉골을 떠받치는 작대기가 되겠다'는 선거구호였다.

당시만 해도 총학생장 선거는 '민주의 새벽기관차' 같은 사회성 짙은 메시지가 주를 이뤘다. 그런데 시골에서 지게를 지고 다닐 때 사용하는 '작대기'가 나타났으니 시선을 모을 수밖에 없었다. 특히 농촌 출신 학생들은 고향의 산천을 떠올리며 동병상련을 느꼈다. 마침내 나는 명문고의 벽을 허물고 총학생장에 당선됐다.

용봉골의 작대기로 1년을 봉사하자 졸업이 닥쳐왔다. 그 후 나는 KBS에 프로듀서로 입사해 12년 동안 방송제작에 몰두했다. 방송 일이라는 게 시간이 어떻게 지나가는지도 모를 만큼 정신이 없다. 그렇게 도끼자루 썩는 줄도 모르고 뛰어다니다 보니 내 나이도 어느새 40대 문턱에 이르렀다.

사람이 나이 40을 앞두면 자신의 삶을 되돌아보게 된다. 일종의 중간평가인 셈이다. 공직자든, 기업인이든, 샐러리맨이든 걸어온 길을 반추해본다. 지금 하는 일이 자신에게 맞는지, 앞으로 어떻게 살아야 할지 생각해보게 마련이다.

나 역시 그랬다. 필름을 되감아 지나온 삶을 돌아보았다. 그러던 중 나는 내 DNA에 흐르는 리더십을 재발견했다. 물론 방송 프로듀서 생활도 만족스러웠다. 그러나 '정치무대에서 열정을 불사르는 게 나다운 길'이라는 생각이 점점 더 또렷해졌다.

마침 1998년은 민선2기 지방선거가 있는 해이기도 했다. 정치 입문 결심은 구체적인 모습을 갖추기 시작했다.

'지방자치는 이제 막 닻을 올렸기 때문에 젊고 패기에 찬 인재를 필요로 할 거야. 내 고향 함평의 군수 직에 도전해 보는 건 어떨까? 나중에 광역이나 중앙에 진출하더라도 기초단체의 행정 경험이 힘이 되겠지?'

1998년 3월 나는 방송국에 전격적으로 사표를 던졌다. 동료들은 도저히 안 되는 싸움이라며 뜯어말리기 바빴다. 환송회를 해준다는 핑계로 연일 방송국에 남으라고 설득했다. 환송회가 아니라 '저지회'였던 셈. 3월 9일에 사표를 냈는데 말일까지도 수리가 안 됐다.

가족들도 깜짝 놀랐다. 그러나 제지하지는 않았다. 아내는 원하는 일이니 후회 없이 해보라며 힘을 실어줬다. 부모님도 걱정하긴 했지만 어릴 때부터 알아서 해왔기에 믿어주었다. 이제 남은 건 '계란으로 바위치기'였다.

지방선거에 나가려면 우선 경선을 치러야 했다. 경선 날짜는 4월 23일. 이미 코앞에 닥쳐와 있었다. 좌고우면할 틈이 없었다. 당시 새정치국민회의 경선 상대는 현직 군수였다. 무작정 군청으로 쳐들어갔다. 호랑이를 잡으려면 호랑이굴로 가야 하니까.

3월 11일 사표를 낸 지 이틀 만에 70줄의 군수와 대면했다. 그리고 정면으로 도전장을 던졌다. 후배들에게 길을 터주시라고 한 것. 70줄의 군수는 어이없어 했다. 나이 차가 서른 살도 넘게 났다. 이건 뭐 하룻강아지 범 무서운 줄 모르는 격 아닌가?

"제가 군수를 하겠습니다."

"자네가 무슨 행정 경험이 있다고 군수를 한단 말인가? 군청 계장들도 자네 형님뻘이네."

"고건 총리는 비록 관선이지만 37세 때 도지사를 했습니다."

"이 사람아, 고건 총리는 행정고시에 합격해 공직 경험이라도 쌓았지 않나?"

"경험이라면 방송일 하면서 쌓을 만큼 쌓았습니다. 그리고 군수는 정책을 결정하는 사람입니다. 관선 때처럼 사사건건 간섭하는 게 군수가 아닙니다. 저는 실무형이나 주사형 군수는 안 하겠습니다. 주식회사 함평을 이끄는

CEO형 군수가 되겠습니다."

　　그렇게 군수실을 나와서는 군청의 모든 실과를 돌아다녔다. 마치 당선이라도 된 양 공무원들의 손을 잡고 인사를 나눴다. 그런 기백이 통했는지 나는 2차 투표까지 가는 접전 끝에 경선에서 기적적인 승리를 거뒀다. 본선에선 아버지의 초등학교 친구를 만났다. 평소 존경하는 어른이라 괴로웠다. 민선 1기 때도 무소속으로 출마해 근소한 표차로 석패했으니 만만치 않은 상대다. 그쪽 진영에선 내가 새정치국민회의 후보로 확정되자 잔칫집 분위기였다. 그러나 길고 짧은 건 대봐야 아는 법.
군민들은 선거전이 벌어지자 '전국 제일 함평'을 외치는 젊은이에게 눈길을 주기 시작했다. 선거라는 게 온갖 권모술수가 난무하는 장이다. 하지만 흔들림 없는 자세로 순수한 열정을 불태우면 진심은 전해지게 마련이다. 결국 나는 광주·전남 최연소인 39세의 나이로 민선 2기 군수가 됐다.

혁신을 부르는
작은 불씨 하나

지방자치는 '민주주의 학교'라는 말이 있다. 무슨 뜻일까? 민주주의는 말 그대로 국민을 주인으로 세우는 정치제도다. 그러나 헌법에서 국민주권을 표방하는 것과 국민 스스로 주인임을 실감하는 건 다른 문제다. 그럼 국민이 주인의식을 가지고 스스로 할 일을 찾을 수 있는 곳이 어디일까? 그 무대가 바로 자치행정과 주민자치가 어우러진 지방자치이다.

그러나 내가 군수로 취임했을 당시 함평의 지방자치 수준은 눈 뜨고 보기조차 민망한 수준이었다. 가정이든, 사회든, 나라든 기본 운영원리는 열심히 일하고 정직하게 사는 사람들이 대접받도록 하는 것이다. 그러나 당시 함평은 3무의 땅이라는 열악한 여건 속에서 착한 사람들이 변두리로 밀려나 찬밥 취급을 당하고 있었다. 반면 공무원들은 낡은 권위주의에 젖어 주민들을 섬기지 못했고 일부 유지들은 기득권을 손에 쥔 채 전횡을 일삼았다.

근본적인 개혁이 필요했다. 함평의 현실은 도몬 후유지童文冬二의 실화소설 『불씨』에서 청년개혁가 우에스기 요잔이 직면했던 상황과 닮은 점이 많았다. 『불씨』는 1700년대 후반 약 260개의 번으로 구성된 에도막부 시대가 배경이다.

당시 요네자와번은 부채와 궁핍으로 재정이 파탄 지경에 이르렀고 번민은 만성적인 무기력과 패배의식에 빠져 있었다. 영주 가문은 관습과 절차만 따지는 낡은 통치방식을 고수했고 중신들은 보신주의와 이기주의에만 빠져 상황은 나아질 기미가 보이지 않았다.

그런데 영주 가문인 우에스기 가에 양자로 들어온 우에스기 요잔이 번주의 자리를 물려받으며 상황은 급변하기 시작했다. 우에스기 요잔은 번주가 되자 혁신을 결심했다. 하지만 혁신을 혼자서 할 수는 없었다. 협력자가 절실했다. 그는 오랫동안 찬밥 취급을 당해온 하급번사들 중 능력 있는 자들을 발탁해 개혁의 중추세력으로 만들었다.

그가 보기에 요네자와번은 불 꺼진 화로와 같았다. 그러나 재를 열심히 뒤지다 보면 꺼지다 만 불씨가 남아 있게 마련이다. 우에스기 요잔은 주위 사람들에게 그 작은 불씨로 화로가 다시 뜨겁게 달궈지는 것을 보여주며 이렇게 말했다.

"번사 한 사람 한 사람이 불씨가 돼주기 바란다. 우선 자신의 가슴에 불을 붙여주기 바란다. 그리고 타인의 가슴에도 그 불을 옮겨주기 바란다. 그러기 위해서 나도 자신을 불태우겠다."

개혁의 불길은 그렇게 타오르기 시작했다. 사람들의 마음에 옮겨진 '불씨'는 가슴에서 가슴으로 번져나갔고 온갖 난관을 극복하는 강력한 힘으로 작용해 마침내 번 전체를 혁신의 용광로로 만들었다. 작은 불씨 하나가 존폐위기에 처한 번의 위기를 극복하고 사람들에게 희망을 심어준 것이다.

이 소설은 에도막부 시대에 추진된 실제 혁신의 이야기를 풀어쓴 것이다. 하지만 『불씨』가 소설 이상의 감동을 주는 것은 그 속에서 혁신의 실마리를 찾을 수 있기 때문이다. 주인공의 말 한 마디 행동 하나가 실로 무릎을 치게 만든다.

우에스기 요잔의 혁신에는 배울 점이 몇 가지 있다.

> 첫째, 혁신을 위해서는 불씨의 역할을 할 리더가 필요하다.
> 둘째, 리더의 불씨를 나눌 중추세력이 있어야 한다.
> 셋째, 낡은 관습의 벽을 허물 때 성공할 수 있다

함평도 마찬가지였다. 관선 지방행정의 구습 중 대표적인 것으로 '다방가 유지'라는 게 있다. 과거 관선군수는 부임해도 1~2년 있다가 다른 곳으로 옮기는 일이 많았다. 그들의 관심은 대개 임기 중 별다른 잡음 없이 있다가 형식적인 실적이나 몇 개 챙겨서 더 높은 자리로 가는 것뿐이었다. 그러니 열심히 사는 서민들은 죽든 살든 관심이 없었다. 그보다는 읍내 다방에 앉아 이런 저런 말이나 만드는 이들을 더 신경 썼다. 누구인지 파악해서 전화하고 봉투 주고 적당히 추켜세우면 잡음 없이 임기를 마칠 수 있었다. 그런 사람들이 바로 다방가 유지들이었다.

다방가 유지는 군 내 온갖 자문위원회를 장악하고 공사발주와 개발사업 등 이권에 개입해 욕심을 채우고 있었다. 논밭에서 땀 흘리며 열심히 일하는 사람들을 '면 단위 촌놈'이라고 조롱하며 위세를 떨었다.

나는 선거 때부터 마이크를 잡고 이렇게 외쳤다.

"다방가 유지! 기름 유油자 유지! 이런 사람들 발붙이는 함평은 안 됩니다. 땀 흘리며 성실하게 살아가는 군민이 주인이 되고 가족과 이웃에게 존경받는 군민이 리더가 되는 그런 함평을 만듭시다!"

그리고는 군수에 부임하자마자 자문위원회 혁신에 나섰다. 다방가 유지들을 자문위원회에서 빼고 대신 면 단위 농민들을 참여시켰다. 다방가 유지의 기나긴 호시절은 그렇게 막을 내리고 있었다.

하지만 다방가 유지는 예고편에 불과했다. 지방자치를 주민들의 손에 돌려주는 일이다. 핵심은 자치행정의 일선에서 일하는 공무원들이었다. 내가 취임할 당시만 해도 공무원들은 주민들로부터 위임받은 권한을 가지고 오히려 주민들에게 위세를 부리고 있었다.

특히 군청의 민원담당 공무원들은 상전이 따로 없었다. 면에서 올라온 노인들은 군청에 들어서기만 하면 다리가 후들거렸다. 그 상태로 더듬더듬 문의를 하면 돌아오는 대답은 고압적이기 일쑤였다. 그리고는 손짓 한 번으로

이 과에서 저 과로 돌렸다.

관공서의 문턱은 높았고 공무원의 응대기술은 형편없었다. 요즘 같으면 상상도 할 수 없는 일이다. 아마 그랬으면 불친절하다는 민원이 빗발 칠 것이다. 물론 인터넷에 뜨고 난리도 났을 것이다. 하지만 당시엔 대개의 지자체가 그런 수준에 머물러 있었다.

나는 취임 첫해에 군청 정문을 지키던 남자 경비원을 다른 부서로 보직 변경하고 대신 민원안내원 2명을 배치했다. 군청에 들어서자마자 완장 차고 큰소리 치는 경비원들을 만나면 주눅이 들고 만다. 그것은 제집을 찾아온 손님에게 소금 뿌리는 것이나 마찬가지다.

새 안내요원들에겐 특별한 지시를 내렸다.

"고급차가 올라오면 손을 흔들거나 목례 정도만 하면 됩니다. 작은 차일수록 따뜻하게 맞아주세요. 오토바이나 자전거도 정중하게 안내해주시고요. 특히 신발에 황토 묻히고 걸어 올라오는 노인 분들은 90도로 인사한 다음 먼저 다가가서 모셔야 합니다. 이게 안 되면 우리 직원이 아닙니다."

민원업무는 실과에서 처리하는 대신 민원봉사실로 보내 한곳에서 해결하게 했다. 민원이 취합되면 관계 실과가 협의한 다음 현장에 나가 최대한 신속하게 조치했다. 그리고 65세 이상 노인과 장애인들을 위해 차량호출 서비스를 만들었다. 민원봉사실 앞에 차량과 기사를 대기시켰다가 업무가 끝나면 댁으로 모셔드렸다.

또 공무원들에게 각자 담당할 마을도 정해줬다. 수시로 마을의 애로사항을 수렴하고 명절엔 어려운 가정을 찾아 위문하게 한 것이다. 물론 불만도 터져 나왔다. 공무원이 꼭 이런 일까지 해야 하느냐는 볼멘소리였다. 그러나 무슨 일이든 자세가 반이다. 돈 몇 푼 쥐어주는 것보다 따뜻한 마음으로 다가서는 게 행정과 주민 사이의 보이지 않는 벽을 허물어뜨리는 법이다.

군수로서 나의 첫 행보는 낡은 기득권과 권위주의를 고치는 일이었다. 세상의 어떤 개혁과 혁신도 순탄하게 진행되는 법은 없다. 그러나 리더는 아무리 혹독한 길이라도 묵묵히 견디며 나아가야 한다. 호랑이를 잡으려면 호랑이굴로 들어가야 하고 꿈을 이루려면 현실의 난관을 돌파해야 한다.

내 부모 모시듯이,
내 아이 키우듯이

일본 막부 시대의 뛰어난 지도자 우에스기 요잔은 후일 번주의 자리를 우에스기 집안의 장남에게 넘겨주며 '전국傳國의 사辭'라고 일컬어지는 '번주의 마음가짐' 세 가지를 제시한다.

"국가는 선조로부터 자손에게 전해내려 오는 것이다. 결코 자신의 것으로 삼아서는 안 된다. 백성은 국가에 귀속되는 것이다. 결코 자신의 것으로 여겨서는 안 된다. 백성을 위해서 존재하는 번주여야 한다. 번주를 위해서 백성이 존재해서는 안 된다."

우에스기 요잔의 신념을 압축한 이 '전국의 사'는 오늘날까지 전해내려 오고 있다. 그럼 미국의 케네디 대통령이 존경한다고 했던 이 에도시대 개혁가의 '불씨'는 어디서 만들어진 것일까? 나는 그것이 '백성을 사랑하는 뜨거운 가슴'에서 나오는 것이라고 본다.

민주사회에서 관료는 국민의 봉사자, 즉 공복公僕이어야 한다. 하지만 오랜 군사독재를 거치며 오히려 국민 위에 군림하는 존재가 돼버렸다. 게다가 이러한 경향은 지방이나 농촌으로 갈수록 더욱 극심한 양상을 띠었다. 내가 3선 군수를 지내면서 가장 뜯어고치고 싶었던 것도 바로 이 구시대의 관행이었다.

나는 한겨울 맹추위나 한여름 뙤약볕 속에서 주민들을 모아놓고 야외행사를 진행하는 것은 관존민비의 잔재라고 본다. 역지사지易地思之해보면 답이 나오지 않겠는가? 도대체 주민들이 왜 그 고통스러운 행사를 하는가? 자기 과시를 위해 주민을 동원하는 것 아닌가?

한겨울에 텐트를 쳐놓고 경로당이나 복지회관 준공식을 하는 걸 보면 낯이 화끈거린다. 주민을 위한답시고 짓는 건데 거꾸로 주민에게 고통을 주고 있다. 이런 행사는 그냥 악수 한 번씩 하고 따뜻한 방에 모여앉아 두런두런 이야기를 나누는 게 취지에 맞다.

여름철 해수욕장 행사도 그렇다. 노인들을 한여름 뙤약볕 속에 세워뒀다가 건강이라도 해치면 어떻게 책임질 건가? 주민들은 소나무 밑 그늘에 앉히고 공무원들이 건너편에서 이야기하는 것이 맞다.

함평에서는 그렇게 한다. 한 번은 함평역 문제를 해결할 심산으로 당시 정종환 철도청장(현 국토해양부장관)을 초빙해 강연을 한 적이 있다. 그런데 주민들은 전부 소나무 밑에 앉히고 자신만 텐트 아래서 말하라고 하니까 짐짓 "이런 놈의 특강이 어디 있습니까?" 하고 너털웃음을 터뜨렸다. 말은 그렇게 해도 기분 좋게 받아들이는 듯했다.

관官이 위고 민民이 아래라는 생각을 버려야 한다. 자치행정은 민을 모시는 데서 출발하는 것이다.

그러고 보면 지역마다 행사가 너무 많다. 나는 지자체장이 행사참석에 연연하는 것도 바람직하지 않다고 생각한다. 물론 지자체장 입장에서는 다음 선거도 있으니 유권자에게 잘 보이고 싶을 것이다. 그러나 표에 연연해 행사를 쫓아다니다가 어쩌다 불참이라도 하게 되면 오히려 욕먹는다. 우리한텐 안 오고 딴 데로 샜다는 식이다. 반면 지자체장이 일 중심으로 스케줄을 잡으면 그럴 일이 없다. 주민들도 바빠서 못 온다고 생각하고 만다. 나는 도로 준공식 같은 전시성 행사는 참석을 자제하는 편이다. 그러나 시골에서 열리는 마을행사는 무슨 수를 쓰든지 간다. 시골인심이 그렇다. 작은 사업이라도 군수가 참석하면 주민들이 기뻐한다. 없는 예산 쪼개서 마을회관 수리했다고 고마워들 하는 데 가서 5분이라도 얼굴을 비추는 게 예의다. 그런 자리에 가면 어르신들 손 붙잡고 덕담을 나눌 수 있어 좋다. 일본 제국주의 식민지 지배, 한국전쟁, 보릿고개를 넘으며 당신들은 못 먹고 못 입으면서도 평생 자식을 위해 헌신만 하신 분들이다. 여생을 복되고 아름답게 사시라고 덕담이라도 건네면 눈물을 흘리는 분들도 있다. 그러니 내가 안 갈 수가 없다. 어르신들이 기다리니까.

물론 폼 잡으러 가는 것이 아니므로 주최 측에 인사나 의전은 최소화해 달라고 당부한다. 얼마 전엔 이런 일도 있었다. 마을 공영주차장 준공식에 참석했다. 나는 간소하게 하라고 했다. 그랬더니 사회자가 군수 소개도 안 하고 지나갔다. 계장이 쫓아와서 미안하다며 쩔쩔맸는데 신경 쓰지 말라고 했다. 사실 군수 모르는 사람이 어디 있나? 굳이 일어나서 마이크 잡고 사업비 얼마 투입했다고 생색을 내는 게 오히려 더 어색하다. 그저 노인대표와 여성대표와 함께 테이프 커팅이나 하고 얼른 어르신들과 뒤풀이 하는 게 속 편하다.

군수 기다린다고 행사진행을 늦추는 것도 말이 안 된다. 주민들이 주인인 행사다. 군수는 언제든지 가서 손잡고 이야기 나누면 그뿐이다. 이런 게 지방자치다. 주민들과 똑같이 어우러지는 것이다.

그런 의미에서 조선시대 실학자 다산 정약용 선생의 말씀은 오늘날 지방자치에도 크게 쓰임이 있다. 선생은 강진에서 유배생활을 하면서도 저술활동을 게을리 하지 않았다. 어찌나 저술에 열정을 불태웠던지 복숭아 뼈에 구멍이 세 번이나 날 정도였다고 한다.

그 결과 『목민심서牧民心書』 『흠흠신서欽欽新書』 『경세유표經世遺表』 등 불후의 명저들이 세상에 모습을 드러냈다. 특히 『목민심서』는 지방관들이 백성을 다스리는 방법, 태도, 마음가짐을 담고 있는데 눈여겨볼 대목은 「애민愛民」편이다. 선생이 후손들에게 권한 '백성을 사랑하는 법'은 다음과 같다.

"노인을 공경하는 예가 폐지된 후에 백성들이 효도를 하지 않으니, 수령이 된 사람은 다시 노인을 공경하는 예를 거행해야 한다. 양로養老의 예에는 반드시 말을 구하는 절차가 있으니, 백성의 괴로움과 질병을 물어서 이 예에 맞추도록 할 것이다. 때때로 노인을 우대하는 혜택을 베풀면 사람들이 경로할 줄 알게 된다."

"어린이를 잘 양육하는 것은 옛날 훌륭한 임금들의 큰 정사였으니 역대로 이를 법으로 삼아왔다. 백성들이 가난하면 자식을 낳아도 잘 거두지 못하니, 백성들을 타이르고 아이들을 길러서 우리 자녀들을 보전케 해야 한다. 흉년이 든 해에는 자식 내버리기를 물건 버리듯 하니, 거두어 길러 백성의 부모 노릇을 해야 한다."

총 6개조 중 2개조만 간추린 내용이지만 구구절절 백성에 대한 애틋한 마음이 느껴진다. 내 부모 모시듯이, 내 아이 키우듯이 백성을 섬기라는 것 아닌가? 다산의 이상은 '관존민비官尊民卑'라는 뿌리 깊은 악습에 발목이 잡혀 있다가 민선 지방자치 시대를 맞아 다시 꽃을 피우고 있다.

자치행정은 다른 거 없다. 내 부모 모시듯이 하라는 이야기다. 농촌의 할아버지와 할머니를 시골 노인네라고 무시하지 말란 말이다. 그분들 아니었으면 오늘의 우리도 없다. 가슴으로 모시고 보듬고 껴안아야 한다. 내 부모 대하듯이 해야 참된 자치행정이다.

특히 시급한 민원을 들고 나타난 어르신을 앞에 두고 어렵고 복잡한 규정을 잔뜩 늘어놓으며 지금은 안 된다는 취지의 답변을 하는 걸 보면 가슴이 답

답하다. 당장 사람이 굶어죽게 생겼는데 좋은 쌀과 기름진 반찬으로 상을 차려줄 테니 기다리라는 것과 같다.

싯다르타는 공리공론만 일삼는 브라만들을 비판하며 '독화살의 비유'를 썼다. 독화살을 맞은 사람이 눈앞에 있으면 빨리 화살을 뽑고 독이 퍼지지 않도록 치유하는 게 급선무다. 화살이 어디서 날아왔는지, 독은 어떤 성질의 것인지, 쏜 사람은 대체 누구인지를 따지는 건 지적 유희에 지나지 않는다는 것이다.

탁상행정도 마찬가지다. 내 부모라면 그렇게 할 수 있는가? 지역과 주민을 위해서라면 때때로 규정을 오버해서라도 밀어붙여야 한다. 나중에 감사를 받더라도 명분이 있는 일이라면 얼마든지 감싸줄 수 있다. 감사도 앞으로는 초점을 바꿀 필요가 있다. (주민에게) '왜 해줬느냐'가 아니라 '왜 안 해줬느냐'로 말이다.
지방교육도 같은 원리다. 내 아이 키우듯이 하라는 이야기다. 요즘 전 세계가 신종 플루로 몸살을 앓고 있다. 그러나 정부에선 어쩐 일인지 사후약방문으로 일관하고 있다. 타미 플루 같은 항바이러스제도 내성이 생기면 약발이 떨어진다. 예방대책이 절실하다. 손 씻는 건 기본일 뿐이다. 체내 면역부터 길러줘야 한다.
면역 길러주는 데는 비타민 C가 최고다. 나는 비타민 C를 신종 플루의 온상인 학교에 투입했다. 재원은 재해가 발생했을 때 쓰는 예비비를 사용했다. 신종 플루 때문에 멀쩡하던 사람들이 죽어나간다. 이런 게 재해가 아니고 무엇인가?

비타민 C는 학교에서 관리하면서 하루에 두 알씩 꼭 챙겨 먹인다. 함평의 아이들은 신종 플루 확진자가 몇 명 나오긴 했지만 다른 지역에 비해 10분의 1 수준에 불과하다. 이것이 생각의 차이다. 내 아이처럼 생각하고 근본적인 처방을 하니까 전염병으로부터 보호할 수 있다.

그러나 참된 목민관은 주민을 내 부모처럼 내 아이처럼 모시는 데 그쳐서도 안 된다. 우에스기 요잔의 혁신도 궁극적으로는 궁핍한 번의 살림살이를 늘리는 것이었다.

자치행정을 하는 사람들은 항상 현장에 나가 지역을 발전시키고 주민의 삶을 풍요롭게 할 일을 찾아야 한다. 내 경우 나비축제가 그랬고, 국향대전이 그랬고, 황금박쥐가 또한 그랬다. 이것이 정약용 선생이 주창한 '실사구시實事求是'의 길이 아닐는지……

주민자치가
꽃피면 삶의 질이
올라간다

지방자치의 수준은 주민자치에 달려 있다. 민주주의는 지방자치고 지방자치는 주민자치다. 국민주권도 국민이 스스로 자신의 삶과 주위 여건을 개척할 수 있을 때 비로소 실현된다.

우리나라의 경우 주민자치가 어느 정도 궤도에 오르긴 했지만 군사독재의 잔재로 아직도 시키고 복종하는 풍토가 많이 남아 있다. 나는 1년에 두어 차례 외국출장을 가는데 주된 관심사가 바로 해외의 주민자치 사례를 벤치마킹하는 것이다.

　　일본은 지역마다 자치회가 광범위하게 조직돼 행정력의 빈틈을 꼼꼼하게 메운다. 일본인들의 90퍼센트가 회비를 내면서 자치회에 가입하고 있다. 자치회는 마을의 청소, 방범, 교통을 떠맡아 생활환경을 자발적으로 가꿔나간다.

주민자치가 발달한 곳에서는 독자적으로 마을의 비전을 세우고 추진하는 경우도 있다. 좋은 아이디어가 나오면 마을을 돌면서 의견을 수렴하고 보고회를 통해 주민전체가 공유한다. 이때 적극적인 참여의사가 있는 사람이 나서 리더를 맡는다.

지역 축제도 주민자치에 맡겨진다. 농촌 지역에서는 무농약 농산물을 직접 소비자에게 전하는 주민자치 사업체도 운영한다. 일본이 중앙정치의 후진성에도 불구하고 저력을 유지하는 건 이런 풀뿌리 자치의 힘이 아닐까 싶다. 일본에 자치회가 있다면 독일은 공회당이다. 공회당은 주민직선 대표자와 지역 출신 지방의원을 중심으로 운영된다. 민원해결의 장인 동시에 마치 대학처럼 각종 교양강좌를 연다. 또 공원관리나 주차관리 등 지자체 위탁 업무로 시 정부 지원을 받는다.

특히 도로마다 통나무 표지판이 서 있는 건 인상적이었다. 표지판에는 '괴테 스트라세' '베켄바우어 스트라세' 같은 이름이 써 있었다. 1~2킬로미터 구간마다 사람의 이름을 딴 거리 명을 만들어 놓은 것이다. 이름이 올라간 개인이나 가족은 자신이 맡은 구간에서 5~10년간 자원봉사를 한다. 쓰레기도 줍고 도로를 가꾸면서 봉사한다.

싱가포르에도 유사한 사례가 있다. 동물원에 가보면 우리마다 표찰이 붙어 있다. 어떤 기업에서 후원해 동물을 키우고 있는지 알려주는 내용이다. 기업들이 자연보호에 투자하면서 회사 홍보도 하고 연말정산 공제도 받도록 한 것이다.

함평에서는 1997년에 주민자치회가 구성됐다. 마을별로 운영위원들을 두고 주민숙원사업, 각종민원, 복지후생, 문화행사 등을 심의했다. 나는 군수가 된 후 해외 벤치마킹 사례 등을 참고해 주민자치에 박차를 가했다.

마을회관은 군에서 직영하지 않는 것을 원칙으로 삼았다. 돈은 내려주되 주민과 출향인사의 기부금을 합쳐 '매칭펀드Matching Fund'를 조성했다. 그런 식으로 벽돌이 한 장 한 장 올라가니 마을회관에 대한 애정도 남다를 수밖에 없다.

또 건물 하나를 짓든 도로 하나를 내든 주민이 설계단계부터 참여했다. 행정기관이 일방적으로 끌고 가는 사업은 민원이 발생하는 일이 잦다. 같은 예산을 들이더라도 주민의 목소리를 사전에 반영해야 매사가 싱글벙글 순조롭게 진행된다.

골프장을 추진할 때도 해당 면 주민의 자율적인 의사에 맡기고 80퍼센트 이상의 동의를 받은 다음 시작했다. 골프장 하나 만들려고 하면 대한민국 전역에서 몰려든 업자들이 온갖 사탕발림을 하게 마련이다. 그러나 주민이 주체가 돼 진행하는 사업이다 보니 이권이 개입할 여지가 없다. 뒤탈이 나거나 하자가 발생할 일이 없다.

공무원뿐만 아니라 주민에게도 책임과 권한을 나눠준 것이다. 주민들은 골프장이 들어오면 어떤 혜택이 돌아오는지 고민하고 토론했다. 그리고 후속대책까지 마련했다.

"이제 땅만 파먹고 사는 게 농업이 아닙니다. 농외소득을 적극적으로 창출해야 합니다."

"골프 치러 오는 사람들이 뭔가 사가고 하룻밤이라도 묵고 갈 수 있게 방안을 짜보지요."

"도시에 나간 아들놈이 고향집을 도통 찾지를 않아. 골프장이 들어오면 자식 얼굴 좀 보겠구먼. 돈도 벌고 아들도 보고. 도랑 치고 가재 잡는 일이네."

무엇보다 나비 축제야말로 주민자치의 대표적인 성과다. 나비 축제는 가을에 마을이장들이 모여 자운영 씨를 나누면서 시작된다. 가을에 심는 자운영은 이듬해 나비 축제 때 보랏빛 꽃물결을 연출한다.
함평의 모든 마을과 단체가 나비 축제의 주인공이다. 주민 스스로 업무를 분담하고 할 일을 챙겨나간다. 주차안내, 정화활동, 교통정리는 기본이다.

2009년에 열린 제11회 나비 축제를 예로 들어보자. 새마을운동함평군지회는 3월부터 함평천 수변공원 1만 3,500제곱미터에 유채와 무꽃을 이식했다. '나비를 사랑하는 모임'도 축제장에 안개초, 꽃양귀비, 수레국화 등을 옮겨 심었다. 이어서 함평나비 마라톤 클럽은 나비 마라톤대회로 축제 분위기를 고조시켰다. 한 회원은 2,100킬로미터에 걸친 전국일주로 홍보대사 노릇을 톡톡히 했다.
나비 축제가 시작되자 주민들이 직접 준비한 프로그램들이 성황을 이뤘다. 함평생활개선회 회원들은 '웰빙음식 장터' '떡메치기' '민속놀이 체험' 등 3개 프로그램을 운영하며 우먼파워를 과시했다. 수산경영인회의 '미꾸라지 잡기 체험'과 친환경농어민연합회의 '친환경농산물 전시판매'도 열기가 뜨거웠다.

그 외에도 노인회, 여성자원봉사회, 모범운전자회, 자율방범대, 농업경영인연합회 등의 단체에서 연 인원 2천600여 명의 자원봉사자들이 행사장 곳곳에서 동분서주했다. 주민자치와 자치행정이 절묘한 하모니를 이루며 축제를 성공적으로 치러낸 것이다.

　　주민자치가 활짝 꽃을 피우자 삶의 질 역시 상승곡선을 그렸다. 함평군은 지난 2007년 원광대 보건대학원의 조사 결과 전국에서 100세 이상 어르신이 가장 많은 최장수 지역으로 나타났다. 이는 깨끗한 자연환경과 예방 위주의 보건정책이 직접적인 이유다. 하지만 나비 축제와 주민자치 활성화에 따른 긍정적 생활문화도 영향을 미쳤을 것이다.

함평에서는 노인 역시 주민자치의 일원이다. 특히 세계 나비 곤충 엑스포를 위해 노인일자리 사업 참여자로 꾸린 '실버 홍보단'의 활약은 눈부셨다. 옥색 도포에 갓과 고무신을 착용한 채 서울, 대구, 부산을 찍고 전국을 누볐다. 일을 하면서 건강도 유지하는 활기찬 노후생활 아닌가?

진시황제는 세상에 이름난 불로초는 다 먹었다. 하지만 불로초를 구하러 다닌 신하들보다 오래 살지 못했다. 노인들의 건강 역시 몸에 좋은 영약이나 솜씨 좋은 의술이 다가 아니다. 나비 축제 때마다 찾아오는 자녀와 손주들을 보며 기쁨을 느끼고 나이에 구애받지 않는 자치활동을 통해 희망을 찾아가니 이것이 불로초가 아니고 무엇인가?

하늘은 스스로
돕는 자를 돕는다

나는 1998년 군수에 취임한 후로 12년째 군청 옆에 딸린 관사에서 살고 있다. 방송국 PD 시절 거주하던 광주의 아파트는 이사를 오며 팔아버렸다. 그냥 놔둘 수도 있었지만 공연히 드나들게 될까봐 처분했다. 비가 오나 눈이 오나 관사에 있어야 군정에 몰두할 수 있다고 생각했다. 나름 배수진을 친 것이다.

물론 관사라는 곳이 마냥 편하지는 않다. 특히 군정에 불만이 있는 민원인이 밤늦게 담장을 넘어 들어와 현관문을 차거나 문 밖에서 고함을 지를 때는 당혹스럽기도 하다. 하지만 공인이란 참고 또 참아야 하는 법이다. 당직실에 전화해서 민원인을 댁까지 모셔다 드리게 하고는 남은 잠을 청한다.

내가 이러고 사니 우리 부모님도 고생스럽다. 내가 태어난 고향집은 본의 아니게 '3층집'이 된 케이스다. 어릴 때는 초가집이었다. 그러다가 1970년대에 슬레이트지붕을 올렸고 나중에 물이 새는 바람에 다시 양철기와를 얹었다. 군수가 된 후 아담하게 새로 지으려고 했지만 아버지 어머니는 단호하게 고개를 저었다.

"이런 데 신경 쓰지 말고 네 일이나 똑바로 해라."

사실 아버지는 다리관절 수술로 물렁뼈가 닳아 다니기가 불편한 상태다. 그래도 어딜 가든 버스를 타거나 걸어서 가려고 한다. 가끔씩 공무원들이 차에 타라고 해도 완곡하게 사양한다. 하기는 내가 3선을 하는 동안 옷차림 하나 변한 게 없다. 지역주민들이 그런 걸 다 지켜본다고 생각한다. 내가 참 큰 은혜를 입지 않았나?

공공재산을 자기 살림처럼 아끼는 자세도 필요하다. 특히 자치단체 장이 제 돈 안 든다고 사무실 꾸미는 데 혈세를 펑펑 쓰는 건 있을 수 없는 일이다.

함평군청은 20년 전에 지어졌다. 군수실엔 카페트 하나 없는데다 도배지도 20년 전 그대로다. 차량도 재선 때까지 전임자의 포텐샤 승용차를 몰았다. 가까운 데 다닐 때는 자전거를 이용한다. 내 살림이라고 생각하니 아껴 쓸 수밖에 없다.

직원들에게도 다른 잔소리는 안 하지만 공공재산 아끼는 것은 유별나게 강조해왔다. 특히 화장실에서 나올 때 전깃불을 끄지 않으면 꼭 지적했다. 집에서도 화장실불 안 끄느냐고. 다행히 지금은 직원들이 잘 따라주고 있다.

우리나라엔 공공재산은 아무렇지도 않게 낭비하면서 자기 소유는 별것도 아닌 걸 애지중지하는 사람들이 많다. 이런 개념부터 바꿔야 한다. 일본공무원들은 점심식사로 도시락을 싸오고 밥 먹을 때는 아예 사무실 불을 끈다고 한다. 공공개념은 선진국의 바로미터다.

나는 우리를 둘러싼 자연환경도 공공재산이라고 본다. 그런 의미에서 고속도로변 산자락마다 박혀 있는 휴대전화 기지국을 보면 안타까운 마음이 든다.

기지국 자체에는 유감이 없다. 회사마다 산을 깎아서 따로 만드는 게 문제다. 회사끼리 협의해서 기지국을 공유한다면 비용도 줄이고 자연도 살리고 일석이조일 텐데.

기업은 사익을 위해 경쟁을 벌이면서도 때로는 공익을 위해 연대할 줄도 알아야 한다. 그래야 사람들의 사랑과 존경을 받는다.

공공의 이익을 위해 자신을 낮추고 헌신하는 모습은 언제나 아름답다. 게다가 모두에게 이익이 돼서 돌아오지 않는가? 그러고 보니 지난 2000년 '프라피룬' 태풍이 불어왔을 때 모두가 합심해서 대형 참사를 막은 일이 떠오른다.

'불이 지나가면 흔적이 있지만 물이 지나가면 흔적도 없다'는 말이 있다. 그 말처럼 수마水魔가 할퀴고 간 상처는 참혹하다. 우리 함평의 경우도 예외는 아니었다. 함평은 해안선이 20.6킬로미터이다. 이 해안선을 따라 1975년에 축조된 월천방조제는 물난리로부터 주민의 귀중한 생명과 재산을 지켜 왔다.

지난 2000년 8월 말 폭풍우를 동반한 태풍 '프라피룬'이 강타하면서 월천 방조제가 일촉즉발의 상황에 몰렸다. 무시무시하게 몰아치는 해일로 인해 1킬로미터 구간이 유실될 위기에 놓인 것이다. 방조제 안쪽에는 농민들이 따가운 뙤약볕에도 불구하고 애써 경작한 벼들이 황금빛으로 익어가고 있었다. 제발 무사히 넘어가기만을 바라면서 가슴을 졸여야 했다.

그러나 기대는 허무하게 무너졌다. 저녁 6시 40분쯤 토목계장이 다급한 목소리로 전화를 걸어왔다. 방조제가 유실되면서 붕괴 직전에 놓였다는 것이다. 나는 사태의 심각성을 직감하고 즉시 비상을 발령했다. 퇴근한 직원과 휴가 중인 직원을 모두 현장에 복귀토록 했다.

강한 비바람 속에 현장에 투입된 공무원, 주민, 군인, 경찰 등 800여 명은 횃불을 밝히고 응급복구에 비지땀을 흘렸다. 마대 2만 장과 말목 1천 개 그리고 보온덮개 1만 5,000제곱미터가 소요됐다. 모자라는 것은 광주전남 전 지자체에 전화를 걸어 급히 충당했다. 복구 작업은 새벽 3시까지 이어졌다. 마침내 밀물이 들어왔다. 그러나 방조제는 건재했다. 붕괴를 막는 데 성공한 것이다.

'하늘은 스스로 돕는 자를 돕는다'는 말이 있다. 만약 그때 방조제가 붕괴 됐더라면 어떻게 됐을까? 애써 가꾼 농작물은 순식간에 휩쓸려갔을 것이고 귀중한 인명도 잃었을지 모른다. 지금 생각해도 눈앞이 아찔하다.

함께 고생한 사람들을 찬찬히 둘러봤다. 가슴이 뭉클하고 고마운 마음뿐이었다. 그 사람들을 위해 뭔가 기념할 만한 조치를 취하고 싶었다.

'위기는 곧 기회다. 재해보상금으로 해안일주도로를 내보면 어떨까?'

당시 행정자치부와 줄다리기 끝에 결국 국비 25억 원을 받아냈다. 도로를 닦는 김에 둑길에 해당화도 심고 노래비도 세웠다. 기왕에 만드는 거 문화 관광 상품으로 키울 속셈이었다. 노래비에 쓸 곡은 국민가수 이미자 선생님의 「섬마을 선생님」으로 정했다.

> 해당화 피고 지는 섬마을에
> 철새따라 찾아온 총각선생님
> 열아홉 살 섬 색시가 순정을 바쳐
> 사랑한 그 이름은 총각선생님
> 서울엘랑 가지를 마오 가지를 마오
>
> 구름도 쫓겨가는 섬마을에
> 무엇하러 왔는가 총각선생님
> 그리움이 별처럼 쌓이는 바닷가에
> 시름을 달래보는 총각선생님
> 서울엘랑 가지를 마오 가지를 마오

노래비 제막식이 열리는 날 이미자 선생님이 함평을 찾았다. 방송국 선배인 부군께 특별히 부탁을 드린 것이다. 이미자 선생님은 천정이 없는 곳에서는 노래를 부르지 않는다. 그러나 그날만은 야외인 함평공설운동장에서 무료로 세종문화회관에서 공연했던 '이미자 노래인생 45주년 특별 리사이틀' 수준의 공연을 펼쳤다. 공동체를 위해 몸을 던진 모든 사람들에게 더할 나위 없는 보상이었다.

내가 12년 동안 군수 직을 무난하게 수행할 수 있었던 건 이렇게 많은 사람들이 공익을 위해 헌신함으로써 가능했다. 그래서 나는 아침에 일어날 때마다 성당에 가서 십자가 성호를 긋고 기도한다. 군민, 공직자, 가족 모두 평안한 하루가 됐으면 좋겠다고. 그리고 다짐한다. '국궁진력鞠躬盡力'을 실천한 청나라 강희제처럼 겸손한 마음으로 최선을 다하겠노라고.

이제 민선 4기 퇴임도 얼마 남지 않았다. 함께 고생한 분들에게 오래도록 기억될 조그만 선물 하나 남기고 싶다. 나는 특강을 많이 다닌다. 언젠가부터 강연료를 모았는데 그게 3~4천만 원 정도 된다. 평소 일용직과 기능직 공무원들의 신분보장이 마음에 걸렸다. 퇴임하는 날 그 자녀들에게 '나비 장학금'을 전달하고 싶다.

두 분 대통령의
못 다 이룬 꿈

함평 엑스포 공원에 가면 김대중 전 대통령과 노무현 전 대통령이 직접 식수한 나무 두 그루가 모진 바람에도 흔들림 없이 꼿꼿한 기상을 드러내고 있다. 두 전직 대통령은 함평 땅에 두 그루의 나무로 뿌리를 내려 살아생전 그토록 염원했던 지방자치의 정착을 보고 있다.

한국의 지방자치는 두 정치적 거목의 필사적인 노력과 애정으로 성장했다. 김 전 대통령이 단식까지 불사하며 30년 만에 다시 지방자치를 도입한 '선구자'였다면 노 전 대통령은 국가균형발전을 추진해 지방자치의 텃밭을 일구고 다진 '수호자'였다.

김 전 대통령은 '민주주의는 지방자치에서 출발하는 것'이라고 굳게 믿었다. 그는 6대 국회의원 선거에 당선된 뒤 예산 심의 때마다 지방자치 실시를 정부에 요구해 온 자칭 '미스터 지방자치'였다. 1971년 대통령선거에서는 행정수도를 대전으로 옮기는 것을 포함해 '전면적인 지방자치 실시'를 공약으로 내걸었다.

당시 서울 인구가 400만 명이었다. 그대로 두면 장차 대한민국이 '서울공화국'으로 전락할 것이라고 내다본 것이다. 획기적인 발상이요 선견지명이 아닐 수 없다. 그는 결국 1990년 3당 합당에 반대해 단식투쟁에 돌입함으로써 '지방자치 전면실시'를 쟁취해내고 말았다.

노 전 대통령의 지방자치에 대한 애정은 새삼 말할 필요도 없다. 그는 '지방자치연구소'를 거점으로 정치 활동을 펼쳤다. 행정수도 이전을 공약으로 대통령에 당선된 후 임기 내내 '국가균형발전'을 국정의 주요 축으로 삼았다. 그는 중앙과 지방의 '조화와 균형'이라는 화두를 평생토록 놓지 않았다.

그런 두 분이 공교롭게도 한 해에 서거했다. 너무나 가슴 아픈 일이다. 다행히도 그 직전에 함평과의 특별한 인연을 허락했다. 김대중 전 대통령은 2009년 4월 마지막 고향 방문 길에 나비 축제 관람을 위해 함평을 찾았다. 축제 현장을 둘러본 대통령은 '이것이 진정한 지방자치의 성과'라며 '함평이 21세기 문화관광을 선도할 것'이라고 격려의 말씀을 남겼다.

김 전 대통령은 2004년에도 나비 축제를 언급하며 과분한 칭찬을 한 적이 있다.

"어떻게 하늘에 날아다니는 나비를 가지고 축제를 할 생각을 했을까? 참 대단하다. 과거 강진사람은 바다를 가지고 돈을 벌었는데, 함평은 지금 날아다니는 나비를 가지고 돈을 벌고 있다. 현대판 봉이 김선달이 따로 없다. 지방자치는 관리형이 아니라 이렇게 아이디어와 적극적인 사고를 갖고 있어야 성공한다."

　　노무현 전 대통령도 퇴임 후 두 차례나 함평을 찾았다. 2008년 4월 세계 나비 곤충 엑스포 기간엔 권양숙 여사와 함께 엑스포 현장을 둘러봤다. 또 같은 해 7월에는 봉하 마을과 함평군 연천마을 간의 교류협약을 위해 봉하 마을 주민들과 함께 방문했다.
방명록에 '아름다운 창조의 현장'이라고 적고선 '함평이 봉하 마을의 모델'이라며 등을 두드려준 게 엊그제 같다.
당시 노 전 대통령은 임기를 마치자마자 봉하 마을로 내려가 농민들과 함께 친환경 생태농업의 미래를 모색하고 있었다. 세계 어디서도 찾아보기 힘든 파격적인 대통령 문화다. 봉하 마을 주민들과 함께 함평을 찾았을 때는 '생태주의와 행정의 접목'에 대해 깊은 분석과 대안을 품은 모습을 확인할 수 있었다.
그런 두 분을 떠나보내니 비통함과 함께 든든한 버팀목을 잃은 허전함이 밀려온다. 김대중 전 대통령의 국장과 노무현 전 대통령의 49재에 맞춰 그 넋을 위로하기 위해 날아올랐던 함평나비도 이런 내 마음과 같았을까?

　　최근 지방자치가 돌부리에 걸린 것처럼 휘청거리고 있다. 두 분의 빈자리가 더욱 크게 느껴진다. 현 정부의 감세정책으로 인해 지방재정이 파탄의 위기에 몰리고 있다. 국회예산정책처가 2009년 10월에 내놓은 자료에 의하면 2008년부터 2012년까지 총 30조1741억 원(주민세 6조 2,784억 원, 지방교부세 13조 6,032억 원, 부동산교부세 10조 2,925억 원 등)의 지방세수 감소를 가져올 것으로 보인다.

겨우 뿌리를 내리던 지방자치가 다시 가뭄을 만난 격이다. 물론 정부에선 지방소비세를 도입해 보완하겠다지만 민간소비지출 비중이 작은 농촌지역, 특히 전라남도는 별 효과가 없다. 5년간 2조 6,010억 원에 이르는 지방세수 감소를 고스란히 뒤집어쓰게 생겼다. 그야말로 청와대 앞에 가서 드러누울 일이 아닌가?

기초자치단체의 상황은 더욱 심각하다. 함평도 2009년에만 교부금이 100억 원 넘게 줄어들었다. 1년 치 군세가 70억 원대임을 감안하면 얼마나 심각한 문제인지 알 수 있다. 발전기금이나 가중치 같은 특단의 대책을 도입하지 않는 한 타격이 불가피하다. 도대체 지방자치를 하자는 건지 말자는 건지 궁금할 따름이다.

이대로 가면 지방자치는 존폐기로에 서기 쉽다. 재정은 말라붙고 자율성은 무력화될 것이다. 특히 농촌지역 지자체는 링거를 꽂은 채 중앙정부의 영양주사로 하루하루 연명하는 처지가 될 것이다. 그렇게 되면 사실상 중앙정부의 지침대로 움직이는 꼭두각시가 돼야 한다. 이건 뭐 무늬만 지방자치지 관선시절과 다를 바 없어진다. 누군가 역사의 시계를 거꾸로 돌리고 있다.

지방자치의 후퇴는 나라의 미래를 허물어뜨리는 것이다. 풀뿌리 민주주의뿐만 아니라 국가경쟁력까지 치명적으로 훼손할 것이다. 20세기가 애덤 스미스가 말한 국부론國富論의 시대였다면 21세기는 향부론鄕富論의 시대이기 때문이다.

오늘날 미국, 일본, 독일이 부강한 이유가 무엇인가? 다 지방마다 특화된 산업과 문화를 키워 세계적인 경쟁력을 얻었기 때문이다. 세계 경제는 지금 국가와 국가 간의 교류가 아니라 도시와 도시 간의 교류로 재편되고 있다. 지방은 더 이상 국부國富의 변두리가 아니다. 지방의 경쟁력이 국가의 경쟁력이 되는 시대다. 지방이 국부의 전진기지로 확고히 서야 글로벌 경쟁에서 우위에 설 수 있다.

중앙 권력의 분산과 지방간의 협력은 이제 시대의 요구다. 그런데 현 정부 들어서 '지방분권'이란 말이 아예 실종됐다. 세종시와 국책기관 이전도 망망대해에 떠 있는 돛단배처럼 표류하는 모습이다. 오히려 무분별한 감세정책을 통해 지방을 재정위기로 내몰고 4대강 사업 같은 대형 토목공사를 앞세워 지방을 줄 세우기 바쁘다. 이래서는 향부鄕富의 원천인 창조성과 정체성이 뿌리째 흔들릴 수밖에 없다.

그렇게 해서 온 나라가 똑같아지면 중앙집권 아래 획일화되면 과연 국가경쟁력이 생길까? 천만의 말씀이다. 세계무대에 내놓을 매력이 없는데 무슨 수로 경쟁에서 이긴단 말인가? 미래를 바라보는 안목이 없다는 뜻이다. 정권이 바뀌면 제로베이스에서 다시 시작해야 한다는 의미다.

더 이상 중앙집권이 능사가 아니다. 속도가 느린 것 같아도 '그 지방만의 특별한 것'을 키워주는 게 시대 흐름에 맞다. 어찌 보면 우리나라가 글로벌 금융위기로부터 빨리 벗어나는 것도 김대중 전 대통령과 노무현 전 대통령 이래 지방자치의 토대를 쌓아놓았기 때문인지도 모른다. 지방자치는 민주주의의 학교이자 국가 경제의 성장 엔진이다. 지방자치 일꾼들이 크게 각성해야 한다. 김대중 전 대통령과 노무현 전 대통령의 참뜻을 계승해야 한다.

    2009년 가을 함평 엑스포 공원 내 '인동초 공원'이 생겼다. 김대중 전 대통령이 기념식수를 한 팽나무 주변에 인동초와 국화를 심어 공원을 조성한 것이다. 매년 6월 이 공원에 오면 고인의 넋을 위로하는 나비를 보며 인동초 같았던 김 전 대통령의 삶을 돌아볼 수 있다.
함평군 신광면 연천마을엔 교류협약을 체결한 봉하 마을처럼 '부엉이바위' 가 있다. 나는 친환경 생태농업에 대한 노 전 대통령의 소박한 꿈이 이곳에도 머물고 있을 것이라 믿는다. 봉하 마을의 '오리쌀'과 연천 마을의 '나비쌀'이 교류하며 진화하는 모습을 보면 고인도 기뻐할 것이다.
나는 오늘도 이렇게 함평에 뿌리내린 두 분의 삶을 가슴에 새기며 다짐한다.

"지방자치, 죽기 살기로 해보자!"

100년대계냐 3년소계냐, 그것이 문제로다

정치인은 무리를 이끌고 어둠을 건너는 사람이다. 현실 정치의 세계는 수많은 의견, 정보, 이해관계 속에서 분열돼 있다. 정치인은 그 속에서 나아가야 할 길을 찾고 사람들의 마음을 하나로 모아 희망찬 미래를 열어나가야 한다.

고로 정치인은 늘 선택의 갈림길에 서 있다. 현실 정치의 수많은 요구와 압력 속에서 자신이 속한 집단이 가야 할 길을 정확하게 판단해내야 한다. 때로는 집단의 어려운 처지로 인해 타협을 해야 할 때도 있다. 하지만 그럼에도 백년대계를 위해 고통스럽게 원칙을 끌어안아야 한다. 4대강 사업을 둘러싼 갈등이 그런 예다.

춘추전국 시대의 사상가 한비자는 정치인이 판단을 내리는 데 유용한 세 가지 기준을 제시한 바 있다.

첫째, 사실에 근거해야 한다.
둘째, 도구를 갖춰야 한다.
셋째, 모순이 없어야 한다.

이 기준들을 가지고 4대강 사업이 우리나라와 전라남도가 가야 할 길인지 살펴보도록 하자.

먼저 사실에 근거한다는 게 무엇인가? 춘추전국 시대 제나라 왕의 문객 가운데 화가가 있었다. 어느 날 왕이 무엇을 그리는 게 가장 어려운지 물었다. 화가는 개가 가장 어렵다고 대답했다. 다시 왕이 무엇을 그리는 게 가장 쉬운지 물었다. 화가는 도깨비가 가장 쉽다고 대답했다.

개는 주변에서 흔히 볼 수 있는 동물이다. 금방 확인할 수 있다. 따라서 그림을 그릴 때는 그만큼 신경이 쓰인다. 반면 도깨비는 아무렇게나 그려도 확인할 수가 없다. 도깨비가 어떻게 생겼는지 아는 사람이 없기 때문이다. 그럼 정치인은 무엇을 택해야 할까? 어렵고 신경이 쓰이더라도 사실에 근거한 것을 취하는 게 정답이다.

4대강 사업은 4년간 22조 원이 소요되는 매머드 급 국책사업이다. 그런데도 마스터플랜과 환경영향평가가 나오는 데 1년도 걸리지 않았다. 이런 보고서는 조사하고 작성하는 데만 최소 2년 이상이 걸린다. 게다가 아직 실시설계조차 완성이 되지 않은 상태다. 이것이 무엇을 의미하는가? 검증도 안

하고 통과시켰다는 뜻이다. 도깨비 그림을 그리는 것이다. 이런 사업에 나라와 지방의 미래를 맡기는 것이 과연 정치인의 올바른 판단일까?

아마도 임기 내 4대강 사업을 모두 마무리 짓겠다는 욕심 때문일 것이다. 그러나 방향이 잘못되면 속도는 무의미하다. 하지만 아무리 급한 사업이라도 정당한 절차를 밟아야 사실관계를 알 수 있고 검증을 할 수 있다. 4대강 사업은 물길을 바꾸는 '백년대계百年大計'다. 10~20년 계획을 세우고 단계적으로 진행할 일을 임기 내에 뚝딱 끝마치겠다는 발상은 '삼년소계三年小計'이며 정치인으로서 무책임한 것이다.

다음으로 도구는 제대로 갖추고 있는가? 어느 날 위나라 사람 하나가 연나라 왕을 찾아와 자신이 대추나무 가시 끝에 원숭이를 조각할 수 있다고 했다. 연나라 왕은 신기한 재주라 여겨 봉록을 하사하고 문객으로 받아들였다. 그러나 이를 지켜보던 대장장이가 왕에게 조언을 했다. 대추나무 가시에 조각을 하려면 칼끝이 가시 끝보다 작아야 하는데 세상에 그런 칼은 없다고 했다. 왕이 칼을 가져와 보라고 하자 위나라 사람은 줄행랑을 놓았다.

대추나무 가시에 원숭이를 조각할 수 있는지 여부는 가늠하기가 어렵다. 그러나 그런 조각을 하려면 정교한 칼이 필요하다는 건 누구나 알 수 있다. 사업계획서도 마찬가지다. 목표는 얼마든지 거창하게 잡을 수 있다. 하지만 그것을 납득시키려면 어떤 도구를 사용할 건지와 무슨 수단을 쓸 것인지 등을 보여줘야 한다.

4대강 사업은 '하천을 살리자'는 친환경적인 구호를 전면에 내세우고 있다. 물은 썩었고 생태계가 엉망이니 보를 세우고 바닥을 준설해 살리자는 것이다. 그러나 보를 세우면 물이 갇히고 물이 갇히면 썩는 법이다. 이것이 어떻게 강을 살리는 도구인가? 바닥을 준설하면 수생동식물이 죽고 수생동식물이 죽으면 생태계가 파괴된다. 이게 어떻게 생태계를 복원하는 수단인가? 오히려 보를 세우고 강바닥을 준설하는 것은 대운하를 건설하겠다는 수순이 아닌가?

4대강 사업은 강바닥을 긁고 콘크리트를 붓는 직강공사다. 1960~1970년 대나 통용되던 방식이다. 서구에서는 이미 그렇게 해서는 하천을 살릴 수 없다는 것을 알고 생태하천 복원을 위한 새로운 매뉴얼을 정립해 놓았다. 강 모양은 그대로 두고 천변습지를 조성해 물의 유출입을 자연적으로 조절한 것이다.

독일의 엘바 강이나 라인 강 같은 곳에 가보면 뱀처럼 꿈틀거리는 물길 사이로 생태가 살아 숨 쉬는 습지와 천연소재로 만든 제방이 아름답게 펼쳐져 있다. 함평에 있는 함평천도 이런 생태하천 복원방법으로 정비를 했다. 참여정부 때 시작된 대한민국 생태하천 복원 1호 사업이었던 것. 그 결과 함평천은 나비 축제와 어우러지는 친환경 친수 공간으로 관람객들의 사랑을 받을 수 있게 됐다.

마지막으로 혹시 모순은 없는가? 초나라에 창과 방패를 파는 사람이 있었다. 그는 창을 팔 때는 '내 창은 날카로워서 뚫지 못하는 게 없다'고 했고 방패를 팔 때는 '내 방패는 견고해서 무엇으로도 뚫을 수 없다'고 했다. 이때 행인 하나가 그에게 물었다.

"그러면 그대의 창으로 그대의 방패를 찌르면 어떻게 되오?"

상인은 아무런 대꾸도 할 수 없었다.

창과 방패가 존재한다는 사실 자체가 모순은 아니다. 그러나 '무슨 방패든지 뚫을 수 있는' 창과 '어떤 창으로도 뚫을 수 없는' 방패는 공존할 수가 없다. 얼음과 숯불은 한 그릇에 머무를 수 없다. 정치인은 판단할 때 서로 모순된 것은 없는지 반드시 파악해야 한다.

정부는 4대강 사업을 추진하면서도 민생 예산이 늘었다고 장담했다. 그러나 예산은 어디까지나 제로섬 게임이다. 하늘에서 22조 원짜리 사업이 뚝 떨어지면 다른 분야에서 깎아내릴 수밖에 없다. 실제로 4대강 사업으로 인해 2010년에만 지방 교육재정 교부금이 1조 4,600억 원 줄어들었다는 주장이 나왔다. 꼭 필요한 지방 SOC 사업도 예산이 4대강에 쏠리는 바람에 뭉텅이로 잘려나갔다.

4대강 예산은 얼마든지 책정할 수 있다. 민생 예산도 얼마든지 늘릴 수 있다. 그러나 22조 원짜리 사업 예산을 책정하면서 민생 예산도 함께 늘린다는 것은 모순이다. 더군다나 감세정책으로 인해 국가재정이 극도로 위축된 상황이 아닌가? 정치인이 이렇게 모순된 논리를 가지고 국민을 설득하려고 하면 반발만 초래할 뿐이다.

2009년 연말에 나온 각종 여론조사에서 4대강 사업에 대한 국민의 반대가 70퍼센트를 넘었던 이유다. 국민의 피 같은 세금을 '4대강 살리기'가 아닌 '민생 살리기'에 쓰라는 이야기다.

　　나는 이렇게 사실에 근거한 건지, 도구는 제대로 갖췄는지, 모순은 없는지를 고민한 끝에 4대강 사업으로는 주민들을 설득할 수 없다고 결론을 내렸다. 우리나라와 전라남도가 가야 할 길이 아니라고 판단을 내렸다. 내가 지난 11월에 있었던 '영산강 살리기 사업 기공식'에 불참한 이유다. 물론 그 자리에 참석하신 분들의 입장도 충분히 이해한다. 2008년 기준 지방자치단체 재정자립도 현황을 보면 전라남도가 11.0퍼센트로 꼴찌를 차지했다. 이런 상황에서 정부와 여당이 많은 돈을 주겠다고 하는 사업을 대놓고 반대하기는 어렵다.

영산강 기공식과 관련해 비판 여론이 들끓었다는 것을 안다. 하지만 이것도 결국 '절름발이 지방자치'가 낳은 부작용이다. 재정이 취약한 지자체는 중앙부처의 말을 거역할 수 없다. 지자체장으로서 예산이 걸려 있으니 중앙의 요청에 순응할 수밖에 없다.

나는 오히려 국민의 혈세를 가지고 어려운 처지에 있는 지자체장을 압박하는 것이야말로 잘못된 일이라고 본다. 입장이 난처한 지자체장의 4대강 지지발언을 가지고 '지역민과 국민 모두의 높은 기대'라고 호도하는 것이야말로 아전인수다.

　　서두에서도 밝혔지만 정치인은 상황에 따라 타협을 선택해야 하기도 한다. 하지만 그럼에도 백년대계를 위해 고통스럽게 원칙을 끌어안아야 할 때도 있다. 4대강 사업이 그렇다. 우리는 수만 년을 흘러온 하천을 후손에게 잠시 빌려 쓰고 있을 뿐이다. 오늘 우리가 하천을 가지고 어떤 사업을 펼칠 생각이라면 뒷날 후손이 그것을 어떻게 평가할 것인지 냉철하게 판단해 봐야 한다. 우리는 길손일 뿐이지만 강은 내일도 흘러가야 하기 때문이다.

4대강뿐만이 아니다. 지자체의 수장은 무슨 일이든 구성원의 뜻이 어디 있는지와 집단이 어디로 가야 하는지를 잘 판단해야 한다. 수많은 요구와 압력 속에서 지역의 밝은 미래를 선택해야 한다. 전라남도는 천혜의 자연환경과 뛰어난 문화적 감각을 지닌 곳이다. 이것이 블루오션이고 창조의 원천이다. 그것을 훼손하는 정부정책에 대해선 단호하게 호소하고 자기 목소리도 낼 줄 알아야 한다.

동서화합의 메카,
전라남도

한국 정치에서 가장 부끄러운 면은 무엇일까? 아마 지역주의가 아닐까 싶다. 지역주의는 역대 대통령선거 과정에서 상대 후보를 공격하거나 분열시키던 전가의 보도였다.

1971년 대선에서 박정희 대통령이 '김대중 후보가 되면 영남이 개밥에 도토리가 될 것'이라고 말했을 때만 해도 큰 반향을 불러일으키진 못했다. 그러나 1987년 대선에서 벌어진 영호남 야권후보 분열과 1992년 대선 때 발생한 초원복집 사건 등을 거치며 걷잡을 수 없이 증폭됐다. 선거에서는 51퍼센트만 얻으면 당선된다. 문제는 선거 후다. 나머지 49퍼센트를 달래기보다는 털어내다 보니 갈등의 골이 더 깊어졌다.

물론 2002년 대선에서는 영남 출신인 노무현 후보가 호남의 지지를 얻어 대통령이 됐다. 하지만 특정 정당이 특정 지역을 독식하는 지역 구도는 계속됐다. 정당은 유권자의 다양한 요구를 대변하지 못하기에 손쉬운 지역구도에 의존하게 되고 유권자도 정당의 차별성을 찾지 못하기에 정서적으로 가까운 편을 들어주는 악순환이 반복되는 것이다.

하지만 화무십일홍花無十日紅이라는 말이 있듯이 지역주의도 언제까지고 기승을 부릴 수는 없다. 김대중 전 대통령은 1996년 한 언론사와의 인터뷰에서 이런 말을 한 적이 있다.

"나는 지역차별에 결코 승복하지 않는다. 이것은 득실의 차원이 아니라 원칙의 문제다. 지역주의는 소박한 애향심을 악용해 특권층이 혜택을 보는 것이다. 영남 농민이나 호남 농민이나 영남 중소기업이나 호남 중소기업이나 똑같이 못 산다."

사실 지역주의라는 게 실체도 불분명할 뿐더러 얼마든지 해결할 수 있다. 내 생각은 이렇다. 지역주의는 대통령선거 과정에서 생겨났지만 그렇다고 해서 꼭 중앙정치로만 풀 일은 아니다. 오히려 중앙정치가 할 수 없는 것을 지방자치와 문화예술로 메울 수 있다.

2005년 12월 이익주 부산시 행정관리국장이 호남지역 폭설 피해 복구 현장을 지원하러 왔다가 순직했다. 부산시 복구지원단 245명과 함께 함평군 나산면 피해 현장을 방문해 위문금을 전달한 뒤 동료직원과 함께 승용차를 타고 돌아가다가 과로사한 것.

이 국장은 IOC총회 부산 유치를 위해 분주하게 뛰어다니는 가운데서도 호남에서 폭설피해가 발생하자 한걸음에 달려왔다가 변을 당하고 말았다. 영호남화합을 위한 살신성인殺身成仁이 아닐 수 없다. 나는 고인의 숭고한 뜻을 이어나가기로 했다.

2006년 함평군은 고막리 소공원에 고인을 기리는 추모조형물을 세우는 동시에 부산 남구청과 자매결연을 체결했다. 이익주 국장이 영호남을

잇는 가교로 새롭게 탄생한 것이다. 2008년엔 함평 주민들이 부산을 방문해 고인의 자녀들에게 장학금을 전달하기도 했다.

부산시와 전라남도는 이익주 국장의 순직을 계기로 해마다 축구경기와 불우이웃돕기 등 교류활동을 펼치고 있다. 또 추모조형물이 세워진 고막리 소공원은 영호남 공무원들이 오가면서 조용히 고인을 추모하고 화합의 의미를 되새기는 명소로 거듭났다. 지자체의 이러한 노력들이 하나하나 쌓이면 지역주의의 부끄러운 역사로부터 벗어날 수 있다.

문화예술도 마찬가지다. 전라남도는 함평 나비 축제를 비롯해 문화예술의 향기가 넘치는 고장이다. 창조적인 상상력으로 얼마든지 '화합'의 참뜻을 보여줄 수 있다. 함평 나비 축제와 세계 나비 곤충 엑스포도 영남권 문화예술인들이 참여함으로써 프로그램이 한결 풍부해졌다. 함평나비 역시 지역의 장벽을 넘고 마음의 간극을 메워 사랑과 우정의 메신저 역할을 톡톡히 하고 있다.

　　　2009년 11월 기준으로 함평은 국내 15개와 해외 5개 등 총 20여개 도시와 자매결연(또는 교류협약)을 맺고 있다. 특히 경남 남해·고성·창녕, 경북 고령, 부산 남구, 대구 수성, 울산 등 영남권 자치단체와 두터운 교분을 맺어 동서화합의 징검다리로 역할을 다하고 있다.

이제 함평뿐만 아니라 전라남도 전체가 나서야 한다. 먼저 손을 내밀어야 한다. 우리의 어린 자녀들에게 지역주의의 볼썽사나운 모습까지 물려줄 수는 없지 않은가? 다음은 마틴 루터 킹 목사가 남긴 말이다. 타산지석他山之石

으로 삼을 만하다.

"나에게는 꿈이 있습니다. 우리 자식들이 피부 색깔이 아니라 인격으로 판단될 그날이 올 것입니다. 나에게는 꿈이 있습니다. 앨러바마 주에서도 흑인과 백인 아이들이 손잡고 뛰어놀게 될 그날이 올 것입니다. 이 꿈만 버리지 않으면 절망의 돌산에서 희망의 반석을 캐내게 될 것입니다. 이 꿈만 가진다면 미국에 번져 있는 불협화음이 형제애의 아름다운 교향곡으로 바뀌게 될 것입니다. 함께 기도하고 함께 종을 울립시다. 우리의 꿈은 반드시 성취될 것입니다."

채워라!

절망의 대지에
문화를 채워라

농업의 근본은
'땅의 문화'

농촌에선 해마다 가을이면 반복되는 장면이 있다. 군청과 농협 앞에 쌀가마니가 수북이 쌓여 있고 농민들과 공무원 및 농협 관계자들이 실랑이를 벌이는 모습이다. 가마니 안에는 갓 수확한 벼가 껍질도 안 깐 채로 들어 있다. 이른바 야적투쟁이다.

지난 2005년 정부의 추곡수매제가 폐지됐다. 그 뒤 시장 쌀값은 농협에서 사들이는 가격이 중요해졌다. 그러나 시장 상황을 앞세우는 농협 측의 제시가격과 생산비용을 강조하는 농민들의 요구가격은 차이가 크다. 당장 '개 사료만도 못한 쌀값'이라는 탄식 속에 농민들의 시름이 깊어지고 있다.

나는 쌀값 하락에 따른 농가소득을 보전하기 위해 직불제 등 지자체 차원의 추가 지원을 강구했다. 예산을 책정해 제시가격과 요구가격의 차이를 메우고 농민들의 생산단가를 보전해줬다. 그 덕분에 농민단체에서 감사패를 받기도 했다. 그러나 이런 방식으로 해마다 야적투쟁이 되풀이되는 농촌의 현실을 바꿀 수는 없다. 근본적인 대책이 필요한 시점이다.

내가 고향인 함평에서 군수 직에 도전한 이유도 여기에 있다. 대학 시절 농업을 전공한 사람으로서 체념의 땅이었던 농촌에 희망을 심고 싶었다. 시골에서 열심히 농사짓는 사람이 도시에서 직장 다니는 사람보다 돈도 많이 벌고 질 높은 삶을 살 수 있었으면 한다. 나는 그런 농촌 한 번 만들어 보고 싶었다. 이게 내가 함평에 내려온 동기다.

농업은 영어로 Agriculture다. 어원만 놓고 보면 '땅의 문화'라는 뜻이다. 나는 농업의 근본적인 속성이 여기 담겨 있다고 생각한다. 이것이 위기에 빠진 농촌이 사는 길이기도 하다. 농촌에 문화를 접목하는 것, 농업의 근본을 회복하는 것이야말로 내가 할 일이라고 여겼다. 그리고 지난 12년간 함평 땅에서 그것을 구체화시키기 위해 다양한 노력을 기울였다.

음식도 문화이고 이미지다. 농민들은 쌀이든, 고기든, 채소든 문화예술과 버무려 브랜드를 만들어야 소비자에게 다가갈 수 있다. 소비자들은 나비 축제와 국향 축제를 즐기며 깨끗한 환경에 대한 믿음을 가져야 각종 농산물을 제값 주고 구매한다. 이것이 우리 농촌아 가야 할 이상적인 길이라고 믿는다.

농사를 짓는 자체가 매력을 찾는 과정이어야 한다. 예를 들어보자. 해방 이후 우리나라에 들어온 미군은 한국 채소를 외면하고 일본산을 수입

해서 먹었다고 한다. 왜 그랬을까?

미군들이 들판에 나가보니 사람과 가축의 분뇨를 뿌려서 채소를 기르고 있더란다. 똥독茶毒이 올라 얼굴이 퉁퉁 부은 사람들이 지나가더란다. 기겁을 한 건 당연하다. 이런 채소를 요즘 도시의 젊은 주부들에게 팔 수 있을까? 만약 그런 모습을 본다면 채소는 물론 쌀과 고기조차 먹기 싫어질 것이다.

그러나 자운영 농법으로 기른 농작물은 다르다. 자운영은 벼를 수확하기 전에 파종하는 녹비작물로 뿌리혹박테리아가 땅에 양분을 공급하기 때문에 화학비료 사용량을 현저히 줄여도 지력을 향상시킨다. 더불어 홍자색의 아름다운 꽃망울로 훌륭한 경관을 연출함으로써 관광객에게 좋은 이미지를 심어준다.

자운영은 봄이 되면 관광 자원으로 활용한 다음 그대로 갈아엎어 퇴비로 삼는다. 이렇게 해서 생산된 쌀이 '나비쌀'이다. 전국 최대의 자운영 재배지인 함평에서는 '나비쌀'을 브랜드화해 대도시 마트에 유통시키고 있다. 일반 쌀보다 높은 가격인데도 잘 팔린다.

'나비쌀'은 사람으로 치면 보약을 먹고 큰 쌀이다. 도시의 주부들이 손을 내밀 수밖에 없다. 이것이 바로 친환경 이미지에 호소하는 함평농업이다.

　문화적 감수성도 중요하다. 함평에서 생산하는 '무지개떡'이라는 게 있다. 우리 민족은 설날이 되면 하얀 떡국을 상에 올린다. 그런데 제사를 지내는 집에서는 이게 꼭 젯밥 같아 보인다. 그래서 좀 색다른 가래떡을 만들어 판매해보면 어떨까 생각해봤다.

떡국을 많이 먹는 것은 아이들이다. 아이들은 알록달록한 것을 좋아하게 마련이다. 연구를 해보니 호박을 넣어 만든 가래떡은 노란색이 나왔다. 치자를 넣었더니 빨간색, 백년초를 넣었더니 분홍색, 쑥을 넣었더니 녹색, 흑미를 넣었더니 검정색, 복분자를 넣었더니 보라색이 나왔다. 영양도 풍부하고 색깔도 예쁜 무지개떡이다.

나는 돈 된다 싶으면 바로 특허청으로 달려가는 좋은⒣ 습관이 있다. 곧장 '웰빙 무지개 가래떡'으로 상표등록을 해버렸다. 이렇게 해서 대도시 마트에 풀린 무지개떡이 설날 때마다 수억 원의 매출을 기록하고 있다. 단지 생각을 '조금' 바꿨을 뿐인데 말이다.

농촌에 문화를 접목하면 이렇게 무궁무진한 가능성이 생긴다. 그러고 보면 이제 농촌은 더 이상 억센 남자들의 독무대가 아니다. 문화적 감수성이 풍부한 여자들이 오히려 더 큰 부가가치를 창출할 수 있다. 실제로 나는 여자들의 장점을 극대화하기 위해 농한기 때 나비빵틀과 국화빵틀을 나눠주기도 했다. 농산가공식품을 개발해 농외소득을 올려보란 뜻이었다.

지금 농촌이 바뀌고 있다. 농촌의 경쟁력은 문화에서 나온다. 이미지에 심혈을 기울여야 한다. 그것이 FTA 열풍이 몰아치는 지구촌에서 우리 농촌이 생존하고 나아가 세계적인 경쟁력을 가질 수 있는 길이다.

농민이여,
예술가가 돼라!

나는 재임 중 문화 예술인을 유치하는 데 정성을 쏟았다. 군 내 폐교에는 미술관이 들어서고 천연염색 체험장이 생겼다. 삼고초려 끝에 전통자수 전문가를 모셔오기도 했다.

직원들에겐 문화예술인 한 사람이 웬만한 중소기업보다 낫다고 강조했다. 문화예술인 유치를 공장 유치하는 것보다 열정적으로 하라고 당부했다. 현재 함평엔 미술관이 3개나 되는데 면마다 하나씩 세워질 때까지 고삐를 늦추지 말라고 독려하는 중이다.

지역에 문화 예술 공간이 있다는 것은 그만큼 매력이 늘어난다는 의미다. 동시에 농민들에게는 미래를 바꿀 기회가 된다. 농사만 지을 게 아니라 시간 나는 대로 그림도 그리고 도자기도 만들고 소리도 한 번 들어보는 게 남는 거다. 문화적 감수성과 창조적 상상력을 키울 수 있기 때문이다.

농민 스스로 예술가가 되면 쌀 한 톨 고구마 하나 생산하더라도 콘텐츠를 접목하고 스토리를 붙일 수 있다. 그래야 농산품이 제대로 된 값을 받아낼 수 있다. 이것이 우리가 추구해야 할 농업의 이상 모델이다. 그럼 함평을 예로 들어 문화예술 공간이 지역사회에 어떤 기여를 하는지 살펴보도록 하자.

잠월미술관

지난 2006년 함평군 해보면 산내리에 아담한 미술관이 들어섰다. 누에를 닮은 산내리 뒷산자락에 있다 해 잠월蠶月미술관이라 이름을 붙였다. 현대적 감각의 한국화를 줄곧 그려온 작가 김광옥 씨가 이 미술관을 마련했다. 김 관장은 국립현대미술관 미술은행 소장 작가로 2004년에는 중국 베이징에서 개인전을 가지기도 했다.

잠월미술관은 한적한 농촌 속의 작은 미술관이다. 하지만 알찬 전시와 이벤트를 통해 주민들에게 값진 예술적 체험을 선사하고 있다.

개관 당시엔 '꽃과 나비'를 주제로 특별전을 열었는데 30여 명의 작가가 참여했다. 또 지방에서는 보기 드물게 중국 유명작가 초청전을 선보여 좋은 반응을 얻었다. 산내리의 아름다운 풍경과 주민들의 삶이 담긴 '우리 마을 산내리' 기획전은 또 어떻고. 농촌의 소박한 일상이 얼마나 훌륭한 예술작품이 될 수 있는지 보여줬다.

산내리는 65세 이상 노인 15명가량이 모여 사는 작은 마을이다. 인심이 넉넉해 산에서 나는 고사리와 미나리를 미술관 문 앞에 놓고 가는 일도 종종 있다. 전시회가 오픈하는 날엔 마을 이장님의 안내방송과 함께 온 주민이 미술관을 찾기도 한다. 마을 할머니들이 관람객에게 전시작품을 설명해주는 것은 기본이다.

미술관에선 또 지역의 아동센터와 도서관 등과 연계해 문화예술 교육을 진행한다. 도예, 수묵, 클레이를 이용한 미술프로그램도 병행한다. 도시에선 접할 수 없는 자연생태 체험활동 역시 인기다. 아이들은 흙에서 뒹굴고, 누에를 키우고, 두부를 만들면서 마음 넉넉한 시골생활을 누린다. 꿈의 미술관이 아닐 수 없다.

민예학당

생각난다. 그 오솔길
그대가 만들어준 꽃반지 끼고
다정히 손잡고 거닐던 그 오솔길
지금은 가버린 가슴 아픈 추억……

1960~1970년대 「사랑해」 「꽃반지 끼고」 「연가」 「등대지기」 등을 불러 한 시대를 풍미했던 가수 은희(본명 김은희)씨가 2003년 7월 함평에 둥지를 틀었다. 손불면 석창리 교촌마을 옛 손불 남초등학교를 리모델링해 천연염색 체험장 '민예학당'을 만든 것.

국민가수로 큰 인기를 누렸던 은희 씨가 미국으로 건너간 건 1970년대 초반. 미국에 거주하는 동안 뉴욕주립 대학에서 패션을 공부했다. 1985년에 귀국한 그녀는 사업가로 변신했다. 그녀가 궁극적으로 찾고 싶었던 건 우리의 아름다움이 고스란히 담긴 토속의 색깔을 찾는 일. 그녀는 고향인 제주도로 돌아온 뒤 가장 한국적인 것이 뭘까 고민하던 끝에 제주도 고유의 노동복인 갈옷을 재발견했다.

갈옷은 떫은 땡감에서 추출한 천연염료로 염색한 옷이다. 땀이 나도 달라붙지 않고 색깔도 변치 않아 국제경쟁력을 충분히 갖고 있었다. 그녀의 예상대로 2002년 한일월드컵 때 일본의 유명백화점에서 초대전을 가져 일본 천연염색 옷도 눌렀다.

그랬던 은희 씨가 나의 적극적인 권유로 함평에 터를 닦았다. 함평은 산 좋고, 물 좋고, 바람 좋고, 서해바다마저 지척이다. 천연염색의 적지인 셈. 이곳에서 그녀는 '감 염색 옷'을 세계적인 명품으로 만들겠다는 야무진 꿈을 키워가고 있다.

은희 씨는 폐교를 구입한 뒤 운동장에 잔디와 들꽃을 심고 연못과 분수를 만들었다. 헐어낸 본관 자리엔 2층짜리 건물을 올려 염색연구소, 작업실, 전시실, 250명 수용 규모의 공연장 등을 두었다. '민예학당'은 '우리 것을 계승하고 발전시키자'는 뜻이다. 다목적 문화공간으로 누구나 이용할 수 있게 개방돼 있다. 이곳에서 그녀는 동네 어른들에게 염색을 가르치고, 노래를 불러드리고, 밥도 함께 해먹는 시골 여인이 돼 있다.

은희 씨는 또 '보셨어요?'라는 뜻의 제주방언에서 따온 브랜드 '봅데강'을 개발해 국내외 시장 확대에 나서고 있다. 함평 외에 서울 인사동과 경남 진주에도 매장을 열어놓은 상태. 그녀는 민예학당이 천연염색을 보급하고 우리 옷을 세계적 브랜드로 만드는 전진기지가 될 것이라고 자신한다.

"우리 것이 세계적인 것이라는 믿음을 갖고 있어요. 감물로 물들인 노동복의 색깔은 무척 아름다워요. 우리의 흙, 된장, 초가가 온통 갈색 계통이잖아요? 너무 흔해서 귀한 줄 모르는데, 외국인의 눈에는 기가 막힌 거죠. 앞으로 청바지를 넘어 세계적인 패션아이템이 될 것입니다."

전통자수연구소

동갑내기인 박홍기, 이복남 씨 부부는 한옥에서 전통 자수를 가르치는 체험형 민박을 운영하고 있다. 바로 '전통자수연구소'다.

부부는 원래 전북 고창군 선운사 입구에서 전통자수박물관을 운영하고 있었다. 나는 2001년 고창에서 이들 부부를 만난 후 끈덕지게 설득했다. 고창에서 전통자수를 3대째 가업으로 이어왔던지라 쉽지는 않았지만 결국 2005년 함평 전통가옥 마을로 이사했다.

전통가옥 마을은 조선 말기 함평의 모든 토지를 소유했던 장부자, 이부자, 모부자 등 3씨 성의 후손들이 지분을 투자해 만든 곳이다. 수천 평 단위의 한옥 5채가 있다. 이들 부부는 'ㄷ자' 형태의 9칸 칠량집인 장부자 가옥을 고쳐 쓰고 있다.

전통가옥 건축업자인 박씨는 100여 년 된 한옥의 수리와 단장을 맡았고 이씨는 가문 대대로 내려온 전통자수 솜씨를 살려 전통자수연구소를 열었다. 한옥 전시관에는 시가 2,000만 원이 넘는 자수병풍, 왕과 왕비를 상징하는 용과 봉황자수, 화초장과 손거울, 흉배액자 등 200여 점이 손님을 맞는다. 또 전통 자수와 매듭을 직접 배우는 공방, 마음을 다스리는 서예실, 전통차를 마실 수 있는 차방, 전통체험이 가능한 민박시설 등을 갖추고 있다.

이 민박은 이 씨의 빼어난 전통자수 솜씨가 알려지면서 국내외에서 수강생이 몰려 문전성시를 이루고 있다.

규모가 아닌
콘텐츠로 승부하라

우리나라는 지난 2004년 한—칠레 FTA^{자유무역협정}를 비준한 데 이어 2007년에는 한—미 FTA를 체결했다. 또한 EU와 중국 등 거대경제권을 비롯해 인도와 캐나다 등과 동시다발적으로 FTA 협상이 진행 중에 있거나 검토 단계다. FTA는 세계경제의 개방화에 대응하기 위한 불가피한 선택일 수도 있다. 하지만 전라남도 같이 1차 산업 비중이 높은 지역은 농업 부문의 피해를 걱정하지 않을 수 없다. 이러다가 수천 년간 이어져 온 농업의 맥이 끊기는 거 아니냐는 우려도 있다.

사실 우리 농촌은 성장 잠재력을 소진해가고 있다. 지난 30년간 농가 인구는 4분의 1로 감소했다. 2008년 국내총생산^{GDP} 중 농업생산액은 3.4퍼센트에 지나지 않는다. 농촌의 40세 미만 젊은 노동력은 연평균 13.6퍼센트씩 줄어들고 있다.

정부가 죽어가는 농촌을 살리기 위해 쏟아 부은 예산은 천문학적인 규모다. 1992년부터 2006년까지 농어촌 구조개선 대책^(42조 원), 농촌 발전대책^(45조 원) 등 130조 원을 투입했고 2004년부터 2013년까지 119조 원 투·융자 사업도 현재 진행형이다. 이런 파상적인 지원에도 우리 농촌의 경쟁력은 나아지지 않았다. 오히려 퇴보에 퇴보를 거듭해왔다. 중장기 비전 없이 선심성으로 지원한 결과다.

'고시히카리'라는 쌀로 유명한 니가타 현 오우누마 지방에서는 한국 농촌과 전혀 다른 풍경을 볼 수 있다. 논 한가운데 외딴 집이 수없이 많다. 그것은 그 집이 경작하는 농지가 넓다는 뜻이다. 농촌의 살림살이가 넉넉하다는 의미이기도 하다. 일본은 농촌 평균소득이 도시평균 소득보다 20퍼센트 정도 높다. 한국은 그 반대다. 농촌 평균 소득이 도시 평균 소득의 80퍼센트 수준에도 미치지 못하고 있다.

하지만 우리 농업에 정말 희망의 싹이 없는 걸까? 위기는 곧 기회라는 말이 있다. 농업(1차 산업)에 제조업(2차 산업)과 서비스업(3차 산업)을 연계해 6차 산업으로 가는 길이다.

농사는 작목별로 특화시키고 공장을 지어 가공을 한 다음에 판매유통 혁신으로 브랜드를 만들자는 이야기다. 거기다가 농촌의 어메니티(Amenity: 인간에게 만족감을 주는 쾌적한 환경) 요소를 한데 묶으면 농민들이 부자 되는 것은 물론 세계적 경쟁력도 갖출 수 있다.

6차 산업화의 효시는 일본 후나카다 협동농장이다. 이곳은 농업현장이 아니다. 농산업 실습장이며 생산·가공·판매·교류를 묶는 복합농산업단지다. 가공 과정을 투명유리로 완전히 공개했을 뿐 아니라 판매 시스템도 도시의 대형마트 못지않다. 또 작물 재배·가공 과정을 체험관광 상품으로 만들어 대단한 인기를 끌고 있다.

후쿠오카 시 서구에 있는 수센지 구락부는 지역 농산물을 이용해 가공식품을 개발하는 데 일가견이 있다. 먼저 유명하다는 '가메니빵'. 후쿠오카시에서 생산된 농축산물로 만든 빵으로 2007년 후쿠오카 시 특산품으로 지정됐다.

수센지 마을은 인구 1만 5,000여 명으로 우리의 동洞 크기다. 여기서 237개 농가가 가공식품 산업의 재료를 공급하고 있다. 지금까지 지역 농산물로 만든 가공식품은 오뎅·오리고기·국수·두부 등 10여 종. 다들 인기가 있고 수입도 짭짤하다. 최근에는 유채꽃 프로젝트를 추진 중이다. 유채꽃을 피워 관객들을 불러 모아 소득을 올리고, 그 까만 유채씨로는 기름을 짤 계획이다. 그러면 지역 농산물을 팔면 되는데 왜 힘들게 가공식품까지 만들까? 가공식품을 판매하면 원재료를 팔 때보다 3배가량의 수익을 더 볼 수 있다는 걸 알기 때문이다. 그래서 구락부의 회원들도 농민뿐만 아니라 상공업자 등이 다수 포함돼 있다.

　　수센지 마을의 예에서 보듯 농업이 6차 산업이 되기 위해서는 농민들만으로는 곤란하다. 최근에 사회 전반적으로 귀농에 대한 관심이 높아지고 있다. 그런데 농촌에서는 농사 잘 짓는 사람만이 성공하는 게 아니다. 농사 말고 다른 것을 잘하는 사람도 많아야 한다. 전공과 장점을 살리라는 말이다. 이것이 농업을 6차 산업으로 바꾸는 인적자원이다.

도시 출신은 사무와 정보수집 능력이 뛰어나다. 또 오랫동안 갈고닦은 전문분야가 있다. 게다가 도시인의 성향을 농민들보다 잘 안다. 이렇게 잘 하는 것을 살리는 게 지혜로운 선택이다. 그래야만 농산물의 가공과 유통은 물론 교육, 문화, 복지, 환경 등 다양한 영역에서 농촌 주민과 공생하며 살아나갈 수 있다.

이렇게 농업을 6차 산업화 하고 인적자원을 갖춘다고 해서 만사형통은 아니다. 사실 이 개방화 시대에 우리 농업의 규모로 세계적인 경쟁력을 갖추기는 쉽지 않다. 이명박 정부가 농촌의 기업화에 박차를 가하는 이유가 여기에 있다. 그 첫 단계로 농식품 산업에 대한 기술개발 투자규모를 늘리려는 움직임이 눈에 띈다.

2006년 기준으로 국내 식품 R&D 투자규모는 약 3,400억 원으로 추정된다. 전체 식품산업 매출액 대비 0.34퍼센트에 지나지 않는다. 다른 산업분야에 비해서도 극히 낮은 수준이다. 농림수산식품부는 2017년까지 농식품 산업을 중심으로 식품분야 R&D 투자규모를 전체 식품산업 매출액 대비 2퍼센트 수준까지 끌어올린다는 계획이다.

또 생산단계에서 수출단계에 이르기까지 전 과정에 R&D 투자를 확대해 생산성을 높이고 민간자금을 동원해서 6차 산업형 수출을 전담하는 대규모 농어업 회사를 설립할 방침이라고 한다. 근래 들어 대형마트들이 농축산물 위탁생산 사업을 검토하고 있는 것도 같은 맥락이다.

정부의 이 같은 노력은 큰 방향에서 틀리지는 않다. 다만 너무 규모를 앞세우다 보니 겉으로 드러난 부분에만 투자가 몰리지 않을까 하는 우려도 든다. 세계적인 경쟁력을 확보하려면 시장에서 사랑받는 농업 콘텐츠들을 함께 육성해야 할 것이다.

예를 들어 양계사업을 한다고 생각해보자. 넓은 땅에 현대식 설비를 지은 다음 공장처럼 대량으로 생산하면 가격경쟁력은 생길 수 있다. 그러나 규모의 논리에 매몰돼 항생제가 들어간 사료를 쓸 경우 소비자에게 어필할 수 있는 매력은 사라진다.

좀 작은 규모라도 조개껍질, 게껍질, 개구리, 지렁이 등으로 사료를 만들고 그걸로 사육한 닭이라면 노년층 소비자들은 몇 배 가격이라도 주고 사먹게 된다. 닭고기든 달걀이든 보약이라고 생각하기 때문이다. 이런 게 실버농업이다. 콘텐츠가 가진 힘이다.

콘텐츠를 도입하면 타깃이 명확해지고 상품도 다각화된다. 얼마든지 현대적인 마케팅이 가능해진다. 규모만 앞세우면 몇몇 사람만 돈을 번다. 하지만 콘텐츠에 투자하면 훨씬 많은 농민들이 부가가치를 창출할 수 있다.

농민은 회장님,
작목은 계열사

나는 지난 12년간 180회 이상 특강을 다녔다. 그중 농민들에게 특강을 할 때 꼭 확인하는 게 있다.

"여러분 중 명함 있는 분들 손들어보세요."

손을 드는 사람은 늘 10분의 1도 안 된다. 도시에서는 사무실도 없는 사람이 휴대폰만 있으면 사장 명함을 파고 다닌다. 그런데 농민들은 그 많은 농토를 가지고도 명함을 만들 생각조차 않는다. 비즈니스 마인드가 없는 것이다. 주인의식이 부족한 것이다.

"여러분은 종합그룹회사 회장이나 똑같습니다. 키우는 작목 하나하나가 계열사입니다. 그런데 명함 한 장 안 들고 다닌다는 말은 여러분이 생산하는 상품에 대해 애정도 자부심도 없다는 뜻입니다. 그런 상품을 도시의 어떤 소비자가 먹어준단 말입니까?"

목마른 사람이 우물 판다고 말을 해도 안 들으면 군수가 나설 수밖에 없다. 나는 급기야 농민들에게 명함까지 만들어줬다. 농장이름, 마을이름, 아이이름을 넣어서 부부지간에 몇 통씩 나눠준 것이다.

일반적으로 농민들은 농작물만 생산하면 끝이라고 생각한다. 이렇게 해서는 경쟁력이 없다. 반면 비즈니스 마인드를 가진 농민은 쌀 한 톨을 생산하더라도 발상이 다르다.

"이 쌀은 조개껍질을 갈아 밑거름으로 썼기 때문에 칼슘 성분이 많이 함유됐습니다. 골다공증 예방에 아주 좋습니다. 한 마디로 어르신들을 위한 '효도쌀'이지요."

농업을 경영으로 여기게 되면 분업과 팀플레이가 가능해진다. 작물생산을 담당하는 사람, 가공시설을 담당하는 사람, 마케팅을 담당하는 사람으로 나눠 효율적으로 운영할 수 있다.

농림수산식품부도 생각을 바꿔야 한다. 순수 농업인들만 보조를 줄 일이 아니다. 오히려 작물전문가, 가공전문가, 마케팅전문가가 조합을 이룬 곳을 집중 지원하면 농업경쟁력이 더 높아진다.

또 외부에서 기업을 유치할 때도 재배작물과의 시너지 효과를 최우선적으로 고려하고 친환경 여부를 반드시 따지게 된다. 자, 그러면 함평 땅에는 어떤 기업들이 작물, 가공, 마케팅의 연계를 통해 성공가도를 달리고 있을까?

복분자 와인 '레드마운틴'

　　복분자 와인 '레드마운틴'이 2009년 남도 전통명주 선발대회에서 최우수상을 받았다. '레드마운틴'은 친환경 농법으로 재배한 고품질의 복분자를 원료로 해 함평천지복분자영농조합법인이 생산한다.

지난 2004년 함평에서 한국 최초의 산딸기 와인을 만들겠다고 선언했을 때 눈길을 주는 이는 많지 않았다. 군 단위에 기반을 둔데다 자본력마저 취약한 소기업에 관심을 가질 리 만무했다. 그러나 '레드마운틴'은 불과 3년 만에 연매출 30억 원을 기록하며 복분자주 시장의 '다윗'으로 자리를 굳혔다. 특히 2006년엔 6·15 남북통일축전 건배주, 노벨평화상 정상회의 만찬주, 청와대 만찬주, 광주비엔날레 공식 술로 선정되며 이름값을 높였다.

와인 마니아들로부터 큰 인기를 끌고 있는 '레드마운틴'은 공장 안에서 은은한 클래식 음악을 들려주는 방법으로 원료를 발효시켜 기존의 복분자주보다 덜 달고 맛과 향이 월등하다는 평을 받고 있다.

'레드마운틴'이라는 이름은 복분자가 익을 무렵 온통 붉은 색으로 갈아입는 산의 이미지에서 따왔다. 2003년 3.3헥타아르로 시작한 함평 지역 복분자 재배면적은 52.5헥타아르로 크게 늘었다. 전체 재배면적 가운데 친환경농법으로 재배하는 무농약 인증 면적이 23헥타아르에 달한다. 무농약 복분자의 명성이 알려지면서 일반인들의 매입 문의도 잇따르고 있다. 요즘 함평 복분자는 '없어서 못 팔' 정도로 인기를 끌고 있다.

해바라기 관광농원

함평은 벼 대체작목으로 해바라기 재배를 적극 권장해 집중 육성하고 있다. 국화과인 해바라기는 7~9월에 꽃을 피우고 10월에 수확한다. 심장질환을 예방하는 엽산이 풍부하고 순식물성으로 콜레스테롤이 없어 혈액순환에 좋다. 또 꽃이 피는 시기에는 관광자원으로도 활용가치가 높다.
2006년 3월엔 나비 축제장 인근 3만여 평에 해바라기를 심었다. 이렇게 재배한 해바라기는 '해바라기 관광농원'에서 전량 구매해 해바라기 씨를 이용한 웰빙 식품으로 판매하고 있다. 제품종류도 된장, 고추장, 청국장, 칼국수, 씨 볶음, 한과, 오일 등 다양하다. 축제기간엔 전시판매도 이뤄진다.
해바라기 관련 제품의 수요가 늘어나자 '해바라기 관광농원'은 5만 제곱미터 넓이의 해바라기 꽃밭을 조성했다. 현재 국내에서 판매되는 해바라기 제품의 원료는 수입산이 주종을 이루고 있다. 웰빙 열풍으로 올리브유 등이 선풍적인 인기를 끌고 있는 점을 감안하면 수입 대체효과가 클 것이다.

쌀 가공 산업

우리나라의 쌀 소비는 해마다 급격히 줄어 현재는 1인당 연간 소비량 76킬로그램 수준에 머물고 있다. 반면 밀 소비량은 계속 증가해 34킬로그램까지 쫓아온 상태다. 쌀 소비를 다시 늘리려면 쌀도 밀가루처럼 가루음

식으로 만들어 소비자 기호에 맞는 가공식품을 개발할 필요가 있다.

2008년 6월 중견 밀가루 생산업체인 대선제분이 함평에 쌀 가공 공장을 세웠다. 이 공장은 8월에 전라남도로부터 쌀 가공 지정공장 승인을 받은 후 본격적인 생산에 들어갔다. 연간 생산 규모는 쌀가루 6,300톤, 콩가루 800톤 정도다. 이곳에서 만들어진 쌀가루는 라면, 우동, 비스킷, 빵, 떡볶이, 튀김가루, 이유식, 죽 등 다양한 용도로 활용된다.

쌀 가공 식품은 밀가루 제품보다 영양 성분이 월등하다는 평가를 받고 있다. 다만 아직까지는 생산원가가 문제다. 원료로 쓰는 쌀이 밀보다 3배나 비싼 반면 최종 생산제품의 맛과 품질은 그만큼의 차별화를 이루기가 쉽지 않다. 이에 따라 대선제분은 함평 지역 농가와 계약을 맺고 낱알이 많이 달리는 새 품종들을 시험재배할 계획이다.

쌀 가공 산업은 아직 갈 길이 멀다. 그러나 하고자 하는 의지만큼은 대단하다. 대선제분은 곧 공장을 3배 규모로 증설할 예정이다. 떡과 빵 등의 제품을 직접 생산하고 쌀 가공 산업 클러스터를 유치하는 방안도 추진 중이다.

살아 있는
생태환경 백과사전

전라남도는 생태환경의 보고다. 정말이지 축복받은 땅이다. 주위에 있는 꽃과 나무 뭐 하나 버릴 게 없다. 이걸 잘 연계하고 이야기를 붙이면 얼마든지 훌륭한 체험관광 상품을 만들 수 있다. 4계절 내내 관광객들의 발길을 붙들어 맬 수 있다는 말이다.

함평만 해도 봄에는 나비 축제, 여름엔 갯벌체험학습, 가을엔 국향대전, 겨울엔 순금으로 된 황금박쥐 조형물을 감상할 수 있다. 굵직굵직한 것만 해도 이 정도다. 그런데 이게 다가 아니다. 꽃이라는 단일주제만으로도 1년 내내 관광이 가능하다.

꽃과 나무와 동물이 하나씩 하나씩 책이 된다. 그 책을 한 권씩 한 권씩 모으면 생태환경 전집이 된다. 이걸 어떻게 만드느냐? 애정을 가지면 보인다. 미치면 이뤄진다. 자, 그렇게 해서 자리 잡은 체험관광엔 어떤 것들이 있을까?

대한민국 난 명품 대제전

함평은 나비 축제로 각광받기 전부터 전국의 난 애호가들이 자주 찾는 '난의 고장'으로 이름이 높았다. 함평은 서해의 해풍으로 기온이 따뜻하고 소나무와 참나무 군락지가 많아 한국춘란의 최대 자생지로서 천혜의 여건을 갖추고 있다. 희귀 변이종 등 우수 명품난이 해마다 많이 출현해 자타가 인정하는 한국 춘란의 메카이다. 현재 우리나라에 등록된 춘란 명품이 900점이고 이 가운데 함평산이 93점일 정도로 명산지다.

난蘭은 화려하지 않으면서 단아하고 청초함을 간직하고 있다. 4계절 내내 변함이 없는 자신만의 고결함을 가져 가장 한국적인 품위를 지니고 있다. 고고한 자태, 은은한 향기, 푸르고 꺾이지 않은 모습이 군자와 같다고 해 예로부터 선비들의 사랑을 받아 왔다.

이병기 시인은 1939년 『문장文章』 3호에 발표한 시 「난초蘭草」에서 다음과 같이 노래했다. 학창시절 국어 교과서에 실려 널리 알려진 작품으로 난초의 외양과 내면을 가장 조화롭게 묘사해낸 것으로 평가된다.

빼어난 가는 잎새 굳은 듯 보드랍고
자줏빛 굵은 대공 하얀 꽃이 벌고
이슬은 구슬이 돼 마디마디 달렸다.

본디 그 마음은 깨끗함을 즐겨해

정淨한 모래 틈에 뿌리를 서려 두고

미진微塵도 가까이 않고 우로雨露 받아 사느니라.

'대한민국 난 명품 대제전'이 열리기 전에 '난 전시회'는 1년에 두 차례 군민 복지회관에서 개최됐다. 봄철 화예품 전시회와 가을철 엽예품 전시회로 나뉘어 열렸다. 화예품은 꽃의 색깔에 따라 황화, 홍화, 주금화, 자화, 두화, 소심, 복색화, 기화 등이 있다. 엽예품은 난 잎에 특색 있는 무늬가 있는 희귀 변이종을 말하며 그윽하고 청초한 난초의 자태와 향기가 어우러져 눈길을 사로잡는다. 꽃과 잎이 섞인 혼합품도 있다.

'대한민국 난 명품 대제전'은 화예품과 엽예품으로 나눠 열던 행사를 하나로 묶어 2008년부터 전시 인프라가 제대로 구축된 나비 EXPO장에서 개최하고 있다. 전국 단위 난 전시회로서는 유일하게 지방자치단체가 주최하고 5개 단체로 구성된 함평 난 연합회가 주관하는 행사다.

출품작을 대상으로 심사를 벌여 대상에 국무총리 표창과 1,000만 원 상당의 황금을 부상으로 수여하고 우수작 120여 점을 선정해 애란인의 밤 행사 시 시상하고 있다. 워낙 출품작의 수준이 높다보니 입상권에 들지 못한 작품도 다른 전시회에 출품되면 입상할 수 있다고 한다. 그래서인지 전국 각 지역에서 애란인 등 관람객 6만여 명 이상이 찾고 있다.

갯벌생태학습장 운영

돌머리 해수욕장이 위치한 함평만 일대는 천혜의 갯벌을 보존해 세계 5대 갯벌 지구 중 하나로 꼽힌다. 다만 조수간만의 차가 커 해수욕장의 기능을 제대로 할 수 없었다.

일단 관광객들이 편히 쉴 수 있도록 하기 위해 울창한 소나무 그늘 사이에 원두막 23동을 세우고 철도 레일로 쓰였던 침목을 가져다가 650미터 길이의 '침목 징검다리'를 설치했다. 침목 징검다리로 신발을 벗지 않고도 탐방로를 거닐면서 게 등 갯벌생물을 잡거나 갯벌의 생태를 관찰할 수 있게 한 것이다. 또 화장실, 샤워장, 관리동을 신축하는 등 편의시설을 대폭 확충했다. 숙박용 텐트촌 20동을 설치해 대여하고 있다.

갯벌 수족관에서는 35종의 어패류를 관찰할 수 있고 전문 강사로부터 갯벌의 생성원리와 유형, 다양한 갯벌생물의 생태 등을 직접 체험하고 배울 수 있도록 했다. 그리고 갯벌생물 사진과 연근해 어류 사진을 판넬로 만들어 전시했다. 이 프로그램은 환경부로부터 7년 연속 우수 프로그램으로 선정돼 국비까지 지원받아 운영되고 있다.

나아가 유치원과 초·중·고 학생, 교사, 일반인을 대상으로 갯벌생태학습장을 운영했다. 갯벌 체험은 교사, 학생, 학부모들로부터 호평을 받았다. 생태학습장 개장 전인 1998년 갯벌을 찾은 관광객은 3만 8천 명에 불과했으나 2001년부터 매년 10만 명 이상이 다녀가는 성과를 거둔 것으로 나타났다.

특히 해수욕장 개장기간에 특색 있는 이벤트를 열어 관광객들로부터 좋은 반응을 얻었다. 이 중 대표적인 프로그램이 개장기간 토요일과 일요일 4차례 열리는 '참숯뱀장어 잡기'다. 인공풀장에 미리 준비한 그물망을 치고 장어를 풀어놓은 다음 잡는 이벤트다. 이 프로그램은 남녀노소 누구나 참가비 없이 참여할 수 있다. 신나는 물놀이를 즐기면서 잡은 장어 전량을 가져갈 수 있어 횡재(?)할 수 있는 절호의 기회다.

뱀장어는 다른 어종에 비해 미끄러워 잡기가 쉽지 않다. 잡힐 듯 잡힐 듯 요리조리 빠져 나간다. 그러나 미끄러운 장어를 맨손으로 잡아보는 짜릿한 손맛을 느껴볼 수 있기에 멋진 추억거리를 만들어 갈 수 있다. 장어 잡는 재미도 재미지만 어렵게 잡은 장어를 즉석에서 가족과 친지 또는 연인과 함께 구워 먹을 수 있는 맛도 쏠쏠하다. '참숯뱀장어'란 명칭이 붙은 것은 뱀장어를 양식할 때 참숯을 넣어 키웠기 때문이다.

2007년 여름에는 '개매기 체험행사'를 새롭게 선보였다. 개매기는 바닷가 갯벌 위에 700여 미터의 그물을 쳐 놓고 밀물 때 조류를 따라 들어온 물고기 떼를 썰물 때 갇히도록 한 다음 손으로 잡는 전통 어로 방식이다.

꽃무릇 큰잔치

꽃무릇은 별종이다. 이파리 하나 없이 꽃대가 홀로 올라온다. 매년 9월 중하순께 붉은 꽃망울을 터트리고 그 꽃이 지고 나면 비로소 잎이 난

다. 대부분의 식물이 말라 죽는 겨울에 녹색의 두꺼운 잎이 나와 오히려 생
동감이 느껴진다. 한 뿌리이면서 잎과 꽃이 서로 만나지 못해 '화엽불상견
花葉不相見 상사초想思草'의 아련함으로 회자되는 꽃이다.

이런 특이함 때문에 이름도 사연도 여럿이다. 우선 무리지어 핀다고 해서
'무릇'이란 이름을 얻었다. 또 잎과 꽃이 만나지 못하는 '이별'의 정서 때문
에 '개무릇'이라고 비하해 부르기도 했다. 석산石蒜, 돌마늘은 꽃이나 잎 없이
꽃대만 있는 게 마치 '마늘쫑' 같이 생겼다고 해서 붙여진 명칭이다.

꽃무릇의 자생 군락지는 전통사찰 제45호인 용천사 일대다. 용천사는 신라
성덕왕 때부터 50여 년 간에 걸쳐 지어진 것으로 기록돼 있다. 정유재란과
6·25때 두 번씩이나 송두리째 불타 버렸으니 꽤나 모진 역사를 지니고 있
다. 모악산 너머에 있는 영광군 불갑사와 함께 서해 쪽에서는 대표적인 거
찰이었다고 전해진다.

꽃무릇 군락지를 보려면 용천사 뒤편 대나무숲 속으로 들어가야 한다. 산허
리를 가르기 때문에 힘들지도 않으며 10분이면 충분히 군락지를 만날 수
있다. 군데군데 굵은 대나무가 그늘을 만들어 주어 꽃대가 생생하고 색깔이
선명하다.

46만 평의 광활한 면적에 무리지어 핀 꽃무릇은 타오르는 불꽃처럼 산자락
을 온통 붉게 물들인다. 한국 100경 중 48경으로 선정될 만큼 빼어난 경관
이다. 진입로와 산책로 주변에 빼곡히 들어선 크고 작은 돌탑 1,545기도 놓
칠 수 없다.

함평에서는 '나비 축제' 성공 이후 꽃무릇에 주목하고 자생 군락지를 대대적으로 넓혀왔다. 그리고 해마다 9월 중순경 해보면이 주최하는 꽃무릇 큰 잔치가 열린다. 행사 기간에 꽃무릇 걷기대회, 산사음악회, 흥겨운 사물놀이, 신민요 창작무용, 봉숭아 물들이기, 꽃무릇 사진 전시회, 대나무 물총 제작, 새끼 꼬기 등 다채로운 공연과 체험코너를 진행한다.

2001년부터 꽃무릇 큰잔치를 개최한 이후 용천사 일대는 주말은 물론 평일에도 많은 관광객이 방문하는 유명 관광지가 됐다.

세계로 뻗어가는
창조의 길

세계가 하나의 시장으로 요동치는 21세기다. 전라남도가 가야 할 길은 명백하다. 작은 시골마을 구석구석까지 글로벌 마인드를 정착시켜야 한다. 역발상의 창조경영으로 서해 너머 펼쳐진 중국의 거대시장을 뚫어야 한다. 전라남도 자체를 아시아 문화가 한데 어우러지는 용광로로 만들어 세계인이 몰려들게 해야 한다. 이를 위해서는 몇 가지 준비할 것이 있다.

우선 아무리 작은 농촌 지자체라도 세계적인 품격과 마인드를 갖춰야 한다.

함평은 인구 3만 7,000명에 불과하지만 유니세프 협력도시다. 나비 축제와 국향대전 같은 행사를 치를 때마다 후원금을 조성한다. 지방자치단체가 유니세프 협력도시를 자원한 경우는 함평이 유일하다. 국가만 품격이 있는 게 아니다. 이제 지방자치단체도 세계 무대에서 품격을 갖춰야 한다. 국부론의 시대가 아니라 향부론의 시대이기 때문이다. 국가와 국가의 교류를 넘어 지방과 지방의 교류가 떠오르기 때문이다.

필리핀에서 태풍 피해가 발생했을 때는 헌 옷가지를 모아 깨끗이 세탁하고 정성껏 포장해서 보내줬다. 옷 속에는 편지를 한 장씩 넣어 작은 감동을 전달했다. 필리핀은 6·25 참전국이다. 그리고 1970년대만 해도 우리나라보다 잘살았다. 그런데 지금은 상황이 바뀌다보니 필리핀 여성들이 한국에 시집을 온다.

문제는 그 여성들이 폭행당하고 이혼당하는 일이 잦다는 것. 필리핀 국민들이 우리나라에 대해 감정이 안 좋아지는 건 당연하다. 걸리기만 하면 가만두지 않겠다고 이빨을 간다. 이런 문제를 국가만 해결할 수 있는 것은 아니다. 지방자치단체의 작은 실천이 국제사회에서 나라의 위상을 높일 수 있다. 지금 농촌은 지역마다 다문화가족이 늘어난다. 초등학교 저학년의 경우 다문화가족 아이들이 더 많은 학급도 있다. 이 가족과 아이들에게 길을 터줘야 한다. 공동체의 책임 있는 구성원이 될 수 있도록 도와야 한다.

얼마 전 함평 주민인 아나벨 카스트로 씨가 정식으로 경기도 안산시 경찰공무원이 됐다. 필리핀 이주 여성인 아나벨 씨는 함평으로 시집온 후 남편의 채소농사를 돕는 틈틈이 방과후 학교에서 영어를 가르치고 경찰서의 통역일을 도맡아왔다. 아나벨 씨뿐만이 아니다. 파시스 체릴지 씨도 군 공무원로 특채돼 다문화가정 지원 업무를 맡고 있다.

영어권, 중국어권, 동남아권, 중앙 아시아권에서 온 분들이 다 소중한 인적자원이다. 외국어 교육센터에서 외국어를 가르칠 수도 있고 나중에 자기 모국으로 수출할 일이 있으면 다리를 놔줄 수도 있다. 그 사람들의 생활을 보장해주고 공동체의 일원으로 받아들이면 아무리 작은 농촌마을이라도 세계를 품는 것이나 마찬가지다. 이런 새로운 역사를 일상생활 곳곳에서 만들어

나가자. 그것이 바로 세계적인 품격과 마인드를 갖추는 일이다.

　　　다음으로 중국 상하이에 명품 농수축산물 유통단지를 만들어 대륙의 거점으로 삼아야 한다.

전라남도는 농도이면서도 경기도, 충청도, 강원도, 경상도 농업에 모두 뒤진다. 생산량은 많지만 제값을 받지 못하고 있다. 전라도 쌀 하면 일조량도 많은데다 청정지역에서 생산된다. 품질만큼은 최고라고 자부할 수 있다. 그런데 다른 지역에 비해 쌀값이 싼 이유가 무엇일까? 전라도 쌀이 경기미로 둔갑돼서 판매되는 이유가 무엇일까? 브랜드 관리 자체가 안 되고 있기 때문이다.

전라남도의 농수축산물은 최고의 대우를 받을 자격이 있다. 지금이라도 전략을 세우면 된다. 나는 전라남도가 앞으로 겨냥해야 할 곳이 중국이라고 생각한다. 지금은 서해안 시대다. 저 바다만 건너면 세계 제일의 거대한 시장이 도처에 펼쳐져 있다.

지구촌을 휩쓴 글로벌 금융위기는 중국에 대한 세계 각국의 기대를 높였다. 중국경제가 경기하강의 바닥을 찍고 향후 4~5년간 상승국면을 이어간다면 세계 경제도 제 궤도에 오를 가능성이 크기 때문이다. 중국 정부는 적극적인 내수시장 부양정책을 통해 이러한 기대에 부응했다.

지금 중국 내수시장은 이른바 글로벌 브랜드의 각축장이다. 어지간한 품질, 브랜드, 가격경쟁력으로는 명함도 내밀기 어렵다. 하지만 전라남도의 농수축산물은 분명히 경쟁력이 있다. 품질이 뛰어난데다 거리도 가까워 신선도를 유지할 수 있다.

우리의 고객은 중국의 부자들이다. 중국 부자들은 글로벌 금융위기 여파에도 불구하고 명품 소비를 늘려 2009년엔 전 세계 명품매출의 4분의 1을 차지한 것으로 추산되고 있다. 중국에서 명품소비 인구는 이미 전체 인구의 13퍼센트인 1억 6천만 명에 달하며 대부분이 25~50세의 화이트칼라, 사기업주, 사회저명인사 등이다. 또 그중 1천만~1천300만 명은 이미 명품소비가 생활화해 시계, 가방, 화장품, 패션, 개인장식품 등이 대부분 명품이다.

그들은 자국산 농산물을 믿지 못한다. 중국에서는 아직도 과일을 재배할 때 우리나라에서 1960~1970년대에 쓰던 맹독성 농약을 뿌린다. 계란이나 소고기도 가짜를 만들어내는 게 중국이다. 게다가 2008년에 멜라민 파동을 겪으면서 이러한 불신은 더욱 커졌다. 이 사람들에게 전라남도에서 생산하는 최고의 농산물을 먹여야 한다. 품질관리와 브랜드관리를 제대로 해서 중국 부자들의 뇌리에 명품으로 각인시켜야 한다. '메이드 인 일본' 대신 '메이드 인 전남'을 믿고 찾을 수 있도록 지금부터 관리에 들어가야 한다.

대한무역투자진흥공사KOTRA에서는 2009년 5월에 톈진에 중소기업을 위한 물류센터를 만들었다. 전라남도는 부자들이 많이 사는 상하이에 명품 농수산축산물 유통단지를 조성할 필요가 있다. 전라남도 각지의 특구와 원예단지 등에서 현대적으로 재배, 가공, 저장된 농수축산물은 상하이의 유통단지를 거쳐 중국 부자들의 식탁으로 찾아가게 될 것이다.

그러기 위해서는 농수축산물을 집중화, 집단화, 특화시켜서 세계적인 경쟁력을 만들어내야 한다. 예를 들면 함평에는 국제규격 축구장의 4배 넓이인 1만 3천 평짜리 하우스가 있다. 정부를 설득해서 얻어낸 꽃 단지다. 꽃을 수출하려면 최소한 한 단지에서 한 컨테이너 이상 분량이 나와줘야 한다. 이곳저곳 흩어져서 재배하면 양을 맞추기 위해 온 지역을 돌아다녀야 하는데 그러다가 꽃이 말라버리면 경쟁력이 없어진다. 결과는 성공이었다. 우리나라뿐 아니라 해외에서도 통하는 경쟁력이 생긴 것이다. 그 힘으로 채소단지도 만들었다.

어중간하게 해서는 안 된다. 자신만의 특별한 것을 몰아서 키워나가야 한다. 지식경제부에 의해 2년 연속 우수특구로 선정된 함평나비산업특구가 그렇다. 지난 2006년 지역특화발전 특구로 지정된 나비산업특구는 함평 엑스포 공원의 주요시설을 건립하고 엑스포의 성공을 뒷받침함으로써 세계적인 생태관광의 중심지로 도약할 수 있는 발판을 마련했다. 뿐만 아니라 관학 협력을 통해 곤충의 천적·먹이·호르몬 등을 연구하고, 나비·곤충마을을 육성해 나비·곤충의 산업화 세계화에도 기여했다.

2008년에는 함평군 일대가 '함평천지한우산업특구'로 지정됐다. 전국 최고의 품질로 평가받는 '함평천지 한우'를 중심으로 1, 2, 3차 산업을 복합적으로 육성해 시장개방에 대응할 수 있게 된 것이다. 한우산업 특구지정을 통한 경제효과는 한국은행 산업연관표를 적용할 경우 생산 유발효과 1,174억 원, 부가가치 유발효과 555억 원, 고용 유발효과 2,225명에 이를 것으로 보인다. 고급육 생산과 마케팅 활성화 등을 통해 한우의 경쟁력을 강화하면 지역경제 활성화는 물론 수출증대에도 톡톡히 한 몫 할 것이다. 세계적인 경쟁력을 확보할 수 있다는 말이다.

전라남도를 아시아 문화가 한데 어우러지는 용광로로 우뚝 세워 지구촌 가족이 꿈꾸고 동경하게 만들어야 한다.

나는 2008년 세계 나비 곤충 엑스포를 준비하며 '중국의 이영애'라고 불리는 영화배우 천하오를 중화권 홍보대사로 위촉했다. 그녀가 활동하는 모습을 지켜보며 나는 한류를 넘어선 아시아 문화의 가능성을 봤다. 중국에서 가장 사랑받는 배우 중 한 사람인 그녀가 홍보에 팔을 걷어 부치자 세계 나비 곤충 엑스포에 대한 중국인들의 관심이 고조됐다. 이웃나라의 문화아이콘을 이해하는 동시에 자신들의 것과 비교하며 소통을 하기 시작한 것이다. 국경의 문턱이 낮아진 이즈음엔 문화란 것도 '순혈주의'만을 고집하며 발전해갈 수 없다. 서로 다른 문화가 서로 소통하며 장점은 받아들이고 단점은 걸러내면서 '경쟁력 있는 잡종'을 만들어가는 것이다. 한류도 마찬가지다. 2005년에 드라마 「대장금」이 중국대륙을 강타(대도시 시청률 10퍼센트 이상)하자 중국 내에서 논쟁이 불타올랐다. 2005년 9월 30일자 「신식시보新息時報」엔 어느 중국배우의 인터뷰를 담고 있는데 그 내용이 적나라하다.

"극중에서 침구가 한국인이 발명한 거라고 하는데 그게 어떻게 가능합니까? 침구는 당연히 중국인이 발명한 거잖아요? 지금의 한국 드라마는 문화

침략이라고 생각합니다."

그 배우가 '문화침략'이라는 자극적인 용어까지 구사하며 한류를 배척했던 이유는 무엇일까? 한류가 일방적으로 중국인의 안방극장을 파고들기만 할 뿐 중국문화와 친근하게 섞이지 못했기 때문 아닐까? 그것이 중국에서 한류가 뻗지 못하고 정체된 이유로 보인다. 하지만 1930~1940년대 중국에서 활동한 한류의 원조들은 달랐다. 대표적으로 영화배우 김염과 작곡가 정율성 등을 꼽을 수 있다.

한국인인 김염은 1930년대 중국 상하이가 아시아문화의 중심지였을 때 당대 최고의 영화배우이자 항일 예술운동의 선봉으로 눈부신 활약을 했다. 그는 시대를 대변하는 연기로 새로운 중국을 염원하는 인민의 마음을 사로잡았다. 봉건적인 사회 분위기에 염증을 느끼고 일본제국주의의 침략에 분노하는 중국인의 문화코드를 제대로 표현해낸 것. 그리하여 김염은 중국영화 100년사에서 유일무이하게 '황제'라는 칭호를 부여받을 수 있었다.

광주에서 태어나 1930년대 중국 상하이에서 음악을 공부한 정율성도 같은 맥락으로 볼 수 있다. 정율성은 중국인민해방군을 상징하는 군가인 「팔로군행진곡」을 작곡해 중국의 대문호 루쉰과 함께 '신중국 창건영웅 100인'에 선정됐다. 그는 호남의 문화적 감각에 중국문화를 더해 중화인민공화국 건설에 이바지했다. 중국인들과 함께 항일투쟁을 펼치면서 그들과 동고동락하고 그들의 정서를 이해했기에 역사에 남을 작품을 창조해낸 것이다.

1930년대에 중국 상하이가 아시아문화의 총본산이었다면 21세기엔 전라남도가 바로 그 소통과 창조의 현장이 돼야 한다. 영화배우 천하오뿐 아니라 중국, 일본, 필리핀, 몽골 등 아시아 각지의 문화가 전라남도에서 자유롭게 교류하면서 새로운 아시아문화로 어우러질 수 있어야 한다. 이를 위해 필요하다면 마카오처럼 세계인이 찾아와 즐길 수 있게 카지노를 개설할 수도 있다. 다만 그 수익은 전라남도의 농어민을 위해 쓰도록 하면 된다.

전라남도가 아시아문화의 용광로 역할을 하게 되면 국제공항으로 지어졌지만 파리만 날리고 있는 무안공항도 세계 곳곳에서 몰려든 관광객으로 버글버글하게 될 것이다. 체념의 땅은 문화로 채워져 부를 창출하고 농어민들을 웃음 짓게 만들 것이다. 이것이 바로 내가 이야기하는 향부론이다. 말 그대로 지방의 경쟁력이 국가의 경쟁력이 되는 것이다. 전라남도가 국부의 전진기지로 확고히 서면 대한민국이 글로벌 경쟁력을 확보하는 것이다.

프로메테우스는 불씨를 훔쳐 인간에게 전해줌으로써 인류사회의 위대한 진보를 가능케 했다. 역사가 전하는 모든 위업은 작은 창조의 불씨에서 시작됐다. 전라남도는 이미 천혜의 자연환경과 문화적 감각이라는 블루오션을 가지고 있다. 이것이 창조의 원천이다. 이제 전함 12척만으로도 나라를 구한 이순신 장군처럼 창조의 불씨를 당겨 우리 자신의 운명을 바꿔야 한다. 세계로 뻗어가는 창조의 길을 개척해야 한다. 그 길 위에서 우리 모두 활짝 웃으며 만날 수 있길 고대한다. 우리는 세상을 바꾸는 창조의 불씨다.

KI신서 2244

세상을 바꾸는 나비효과

1판 1쇄 인쇄 2010년 1월 11일
1판 1쇄 발행 2010년 1월 14일

지은이 이석형
펴낸이 김영곤 **펴낸곳** (주)북이십일 21세기북스
출판콘텐츠사업본부장 정성진 **TF팀장** 안현주
기획 장현철 권경률 **디자인** 표지_twoes 본문_반디북케어 노승우
마케팅·영업 최창규 김보미 김용환 이경희 김현섭 허정민 노진희
출판등록 2000년 5월 6일 제10-1965호
주소 (우413-756) 경기도 파주시 교하읍 문발리 파주출판단지 518-3
대표전화 031-955-2100 **팩스** 031-955-2151 **이메일** book21@book21.co.kr
홈페이지 http://www.book21.com **커뮤니티** cafe.naver.com/21cbook

책값은 뒤표지에 있습니다.

ISBN 978-89-509-2194-1 03320

이 책 내용의 일부 또는 전부를 재사용하려면 반드시 (주)북이십일의 동의를 얻어야 합니다.
잘못 만들어진 책은 구입하신 서점에서 교환해 드립니다.